# Chicos Chicas

# Libro del alumno

# nivel 1

## Mª Ángeles Palomino

edelsa

GRUPO DIDASCALIA, S.A.
Plaza Ciudad de Salta, 3 - 28043 MADRID - (ESPAÑA)
TEL.: (34) 914.165.511 - (34) 915.106.710
FAX: (34) 914.165.411
e-mail: edelsa@edelsa.es - www.edelsa.es

Primera edición: 2002
Primera reimpresión: 2004
Segunda reimpresión: 2004
Tercera reimpresión: 2004
Cuarta reimpresión: 2005
Quinta reimpresión: 2005
Sexta reimpresión: 2006


© Edelsa Grupo Didascalia, S.A. Madrid, 2002
Autora: Mª Ángeles Palomino


Dirección y coordinación editorial: Departamento de Edición de Edelsa.
Diseño de cubierta, maquetación y fotocomposición: Departamento de Imagen de Edelsa.


Imprenta: Peñalara.

ISBN versión internacional: 84-7711-772-1
Depósito legal: M-24481-2006
Impreso en España
*Printed in Spain*


**Fuentes, créditos y agradecimientos**

*Ilustraciones:*
Ángeles Peinador Arbiza.

*Fotografías:*
Archivo y Departamento de Imagen de Edelsa.
Author´s Image.
Daniel García Jiménez.
Flat Earth.


Notas:

-La editorial Edelsa ha solicitado los permisos de reproducción correspondientes y da las gracias a quienes han prestado su colaboración.

Un curso para adolescentes, ambientado en situaciones de la vida cotidiana, que permite adquirir una competencia comunicativa y sociocultural en español, descubrir la riqueza y variedad del mundo hispano e iniciarse en las nuevas tecnologías.

Destinado a un público de enseñanza secundaria, Chicos-Chicas se ha organizado pensando en clases breves y pocas horas semanales. Dentro de un enfoque comunicativo, ofrece una progresión rápida y estructurada.

Para diseñar el curso se ha partido del análisis del **"Marco Común Europeo de Referencia"**.

Cabe destacar que se ha hecho especial hincapié en los temas transversales, evitando discriminaciones sexistas, potenciando el desarrollo de la conciencia intercultural, la tolerancia, el multietnicismo, el respeto al medio ambiente y al mundo animal.

El libro del alumno del nivel Inicial contiene **8 unidades** con **2 lecciones** por unidad, un **glosario** y unas **tablas de conjugación**.

Secuencia de una unidad:
• **2 lecciones.**
Cada lección se presenta con:
- una doble página de introducción de los contenidos nuevos.
- una doble página de práctica y consolidación.
Este esquema es el mismo para cada una de las lecciones. Seguidamente encontramos una doble página titulada **"El mundo hispano en tu mochila"**. En el nivel Inicial e Intermedio esta doble página tiene por función sensibilizar al alumno a la gran variedad y riqueza del mundo hispano. Se presenta un país de habla hispana por unidad.
Finalmente, la doble página que cierra la unidad contiene un acercamiento a las Nuevas Tecnologías con **"CHIC@S en la red"**.
Se ofrece además una dirección de correo electrónico a la que los alumnos pueden escribir y una **ficha resumen** que recoge todo lo visto en la unidad en comunicación, gramática y léxico.

La propuesta didáctica consolida los conocimientos y desarrolla las destrezas necesarias para la competencia comunicativa diaria.

| | Unidad 1 | Unidad 2 | Unidad 3 | Unidad 4 | |
|---|----------|----------|----------|----------|---|
| **UNIDADES** | **Lección 1:** ¡Hola!<br>**Lección 2:** Cumpleaños. | **Lección 3:** En el aula.<br>**Lección 4:** Plan de trabajo. | **Lección 5:** Vida cotidiana.<br>**Lección 6:** Me gustan las matemáticas. | **Lección 7:** Mi familia.<br>**Lección 8:** ¿Cómo son? | |
| **CONTENIDOS** | **Competencias pragmáticas:**<br>• Saludar y despedirse.<br>• Pedir y dar datos personales: nombre, nacionalidad, edad, fecha de nacimiento.<br>• Lenguaje formal e informal.<br><br>**Competencias lingüísticas:**<br>- Competencia gramatical:<br>• Interrogativos: *cómo, cuándo, cuántos, de dónde...*<br>• Verbos: *llamarse, tener, ser, cumplir* (Presente Indicativo).<br>• Adjetivos de nacionalidad: femenino/masculino.<br>• Pronombres sujeto.<br>• Pronombres reflexivos.<br>- Competencia léxica:<br>• Nombres de países, nacionalidades, días de la semana, meses, estaciones...<br>• Números hasta 31, signos del Zodiaco, planetas.<br>- Competencia fonológica:<br>• Las frases interrogativas-exclamativas.<br><br>**Competencias generales:**<br>• El conocimiento del Mundo Hispano: España.<br>• Acercamiento a las Nuevas Tecnologías. | **Competencias pragmáticas:**<br>• Describir el ámbito del aula.<br>• Presentar las actividades de clase.<br>• Recursos para la comunicación en el aula.<br><br>**Competencias lingüísticas:**<br>- Competencia gramatical:<br>• Artículos determinados e indeterminados.<br>• Artículos contractos.<br>• El plural de los nombres.<br>• Adjetivos de color: género y número.<br>• Verbos en *-ar, -er, -ir* (Presente Indicativo).<br>• Verbo *hacer.*<br>- Competencia léxica:<br>• Objetos del ámbito de la clase.<br>• Actividades que se realizan en el aula.<br>• Los colores.<br>- Competencia fonológica:<br>• Acentuación: la acentuación I.<br><br>**Competencias generales:**<br>• El conocimiento del Mundo Hispano: México.<br>• Acercamiento a las Nuevas Tecnologías. | **Competencias pragmáticas:**<br>• Preguntar y decir la hora.<br>• Indicar horarios.<br>• Hablar de las actividades cotidianas.<br>• Expresar gustos.<br>• Dar una opinión.<br><br>**Competencias lingüísticas:**<br>-Competencia gramatical:<br>• La negación.<br>• Verbos pronominales, verbos con e/ie, o/ue, e/i, verbos irregulares: *ir, salir* (Presente Indicativo). Decir.<br>• El verbo *gustar.*<br>• *Ser* + adjetivo.<br>• El adverbio: *muy.*<br>-Competencia léxica:<br>• Actividades cotidianas.<br>• Las asignaturas.<br>-Competencia fonológica:<br>• Acentuación: la acentuación II.<br><br>**Competencias generales:**<br>• El conocimiento del Mundo Hispano: Cuba.<br>• Acercamiento a las Nuevas Tecnologías. | **Competencias pragmáticas:**<br>• Presentar a la familia.<br>• Describir el aspecto físico de las personas.<br><br>**Competencias lingüísticas:**<br>-Competencia gramatical:<br>• Adjetivos posesivos.<br>• El adjetivo calificativo: género y número.<br>-Competencia léxica:<br>• La familia.<br>• El cuerpo humano.<br>• Adjetivos de descripciones físicas.<br>• Animales domésticos.<br>• Contar hasta 100.<br>-Competencia fonológica:<br>• Acentuación: la acentuación III.<br><br>**Competencias generales:**<br>• El conocimiento del Mundo Hispano: Chile.<br>• Acercamiento a las Nuevas Tecnologías. | |

**ÁMBITOS**  P E R S O N A L  –  P Ú

**TEMAS TRANSVERSALES**  **Conciencia intercultural - tolerancia - igualdad de sexos**

**TAREAS Y PROPÓSITOS COMUNICATIVOS**

**Actividades de:**
- expresión oral
- expresión escrita

**Estrategias de expresión**

el entorno hispano, el alfabeto, los primeros números.

| Unidad 5 | Unidad 6 | Unidad 7 | Unidad 8 |
|---|---|---|---|
| **Lección 9:** Hemos ido a Safari Park.<br>**Lección 10:** Mundo animal. | **Lección 11:** Carmen es simpática.<br>**Lección 12:** ¿Qué estás haciendo? | **Lección 13:** Tiempo libre.<br>**Lección 14:** Los deportes. | **Lección 15:** ¡Vacaciones!<br>**Lección 16:** Campamento de verano. |

**Competencias pragmáticas:**
- Hablar de un pasado reciente.
- Expresarse y reaccionar con cortesía.
- Preguntar la localización de algo.
- Dar instrucciones.
- Situar en el espacio.

**Competencias lingüísticas:**
-Competencia gramatical:
- El Pretérito Perfecto: participios regulares e irregulares.
- Expresiones temporales: *hoy, a las dos, este año...*
- Adverbios de tiempo: *todavía, ya.*
- Preposiciones de lugar: *al lado de, detrás de...*
- Verbo *estar* (Presente Indicativo).
-Competencia léxica:
- Actividades para buscar y procesar información.
- Animales salvajes.
-Competencia fonológica:
- La acentuación: recapitulación.

**Competencias generales:**
- El conocimiento del Mundo Hispano: Perú.
- Acercamiento a las Nuevas Tecnologías.

**Competencias pragmáticas:**
- Describir rasgos del carácter.
- Decir lo que se está haciendo.
- Reaccionar informalmente.

**Competencias lingüísticas:**
-Competencia gramatical:
- Contraste *ser* y *estar*.
- Adverbios de cantidad + adjetivo: *bastante, poco, muy...*
- *Estar* + gerundio.
-Competencia léxica:
- Adjetivos para describir la personalidad.
- Verbos de acciones cotidianas.
- Los demostrativos: Este - Ese.
-Competencia fonológica:
- Sonidos y grafías de *r* y *rr.*

**Competencias generales:**
- El conocimiento del Mundo Hispano: Venezuela.
- Acercamiento a las Nuevas Tecnologías.

**Competencias pragmáticas:**
- Hablar del ocio.
- Expresar gustos.
- Expresar la frecuencia.
- Hablar de planes e intenciones.

**Competencias lingüísticas:**
-Competencia gramatical:
- Adverbios y expresiones de frecuencia.
- Verbo + *mucho.*
- *Muchos/muchas* + sustantivo.
- *Ir a* + sustantivo.
- *Ir a* + verbo.
-Competencia léxica:
- Las actividades de ocio y las aficiones.
- El deporte.
-Competencia fonológica:
- Sonidos y grafías de *z* y *c.*

**Competencias generales:**
- El conocimiento del Mundo Hispano: Argentina.
- Acercamiento a las Nuevas Tecnologías.

**Competencias pragmáticas:**
- Hablar de actividades en el pasado.
- Describir paisajes.

**Competencias lingüísticas:**
-Competencia gramatical:
- Pretérito Indefinido (verbos regulares).
- Pretérito Indefinido: *estar, hacer, ir, ser, tener. ver.*
- Expresiones temporales: *ayer, hace dos días, el 6 de enero, la semana pasada...*
- Oposición *hay/está.*
- Contraste Indefinido/Pretérito Perfecto.
- Expresiones de tiempo: *por la mañana, por la tarde, por la noche.*
-Competencia léxica:
- Actividades al aire libre.
- El campo, la naturaleza.
-Competencia fonológica:
- Sonidos y grafías de *j* y *g.*

**Competencias generales:**
- El conocimiento del Mundo Hispano: Mundo Maya
- Acercamiento a las Nuevas Tecnologías.

# B L I C O  -  E D U C A T I V O

- respeto del medio ambiente - respeto al mundo animal - educación para la paz.

| **Actividades de:**<br>-comprensión auditiva<br>-comprensión lectora | **Estrategias de comprensión** | **Actividades de interacción:**<br>-oral<br>-escrita | **Estrategias de interacción** |
|---|---|---|---|

**Mar Cantábrico**

La Coruña
Santiago de Compostela [4]
Lugo
Pontevedra
Orense

Oviedo [5]
León
Santander [6]
Burgos
Palencia

San Sebastián
Bilbao
Vitoria [7]
Pamplona [8]
Logroño [9]

**FRANCIA**

Huesca
Gerona

Valladolid [3]
Zamora
Segovia
Ávila
Salamanca

Soria
Zaragoza [10]
Lérida

**Barcelona** [11]
Tarragona

**Océano Atlántico**

**PORTUGAL**

Guadalajara
Madrid [17]
Cuenca

Teruel

Castellón

**ISLAS BALEARES**
*Menorca*
Palma de Mallorca [14]
*Ibiza*
*Cabrera*
*Formentera*

Toledo [16]
Cáceres
Mérida [2]
Badajoz
Ciudad Real
Albacete

Valencia [12]

Córdoba
Jaén
Sevilla [1]
Huelva
Granada
Almería
Málaga
Cádiz

Murcia [13]

Alicante

**Mar Mediterráneo**

## ISLAS CANARIAS

La Palma
Lanzarote
Tenerife
Santa Cruz de Tenerife
Fuerteventura
Gomera
El Hierro
Gran Canaria [15]
Las Palmas de Gran Canaria

## ESPAÑA
### COMUNIDADES

1. ANDALUCÍA: capital, Sevilla.
2. EXTREMADURA: capital, Mérida.
3. CASTILLA Y LEÓN: capital, Valladolid.
4. GALICIA: capital, Santiago de Compostela.
5. PRINCIPADO DE ASTURIAS: capital, Oviedo.
6. CANTABRIA: capital, Santander.
7. PAÍS VASCO: capital, Vitoria.
8. NAVARRA: capital, Pamplona.
9. LA RIOJA: capital, Logroño.
10. ARAGÓN: capital, Zaragoza.
11. CATALUÑA: capital, Barcelona.
12. COMUNIDAD VALENCIANA: capital, Valencia.
13. REGIÓN DE MURCIA: capital, Murcia.
14. ISLAS BALEARES: capital, Palma de Mallorca.
15. ISLAS CANARIAS: capitales, Las Palmas de Gran Canaria y Santa Cruz de Tenerife.
16. CASTILLA-LA MANCHA: capital, Toledo.
17. MADRID: capital, Madrid. (**Capital de España**.)

**MÉXICO**
- Monterrey
- Guadalajara
- México DF
- Puebla

La Habana · **CUBA**

**HAITÍ** · **REPÚBLICA DOMINICANA**
Santo Domingo
San Juan · **PUERTO RICO**

**BELICE**
**HONDURAS**
Tegucigalpa
**JAMAICA**
**NICARAGUA**
Managua
Guatemala
**GUATEMALA**
San Salvador
**EL SALVADOR**
San José
**COSTA RICA**
**PANAMÁ**
Panamá

**Océano Atlántico**

Maracaibo
Caracas
Santa Marta
Medellín
Bogotá
**VENEZUELA**
**GUYANA**
**SURINAM**
**GUAYANA FRANCESA**
Cali
**COLOMBIA**

Guayaquil · Quito
**ECUADOR**

**PERÚ**

Callao
Lima

Cuzco
Ica · La Paz
Oruro
**BOLIVIA**

**BRASIL**

**Océano Pacífico**

**PARAGUAY**
Asunción

**CHILE**

**ARGENTINA**
Córdoba
Santiago de Chile · Rosario

**URUGUAY**
Buenos Aires · Montevideo

Tierra de Fuego

MÉXICO: capital, México DF.
CUBA: capital, La Habana.
GUATEMALA: capital, Guatemala.
EL SALVADOR: capital, San Salvador.
HONDURAS: capital, Tegucigalpa.
NICARAGUA: capital, Managua.
REPÚBLICA DOMINICANA: capital, Santo Domingo.
COSTA RICA: capital, San José.
PANAMÁ: capital, Panamá.
COLOMBIA: capital, Bogotá.
VENEZUELA: capital, Caracas.
ECUADOR: capital, Quito.
PERÚ: capital, Lima.
BOLIVIA: capital, La Paz.
PARAGUAY: capital, Asunción.
CHILE: capital, Santiago de Chile.
ARGENTINA: capital, Buenos Aires.
URUGUAY: capital, Montevideo.

**HEMISFERIO NORTE**
España
Iberoamérica
**HEMISFERIO SUR**

**1.** Escucha y lee.

> ¡Hola, buenos días!
> Me llamo Jaime,
> soy español.

**España**

① Segovia
② Madrid
③ Barcelona
④ Córdoba

**Argentina**

Puerto Iguazú ⑤

⑥ Buenos Aires

⑦

El Calafate
(Patagonia)

> ¡Hola, buenas tardes!
> Me llamo Belén,
> soy argentina.

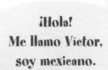

> ¡Hola!
> Me llamo Víctor,
> soy mexicano.

**México**

⑧ México DF

⑨ Chichén Itzá

⑩ Acapulco

**2.** Escucha la cinta y mira las fotos. Relaciona las fotos con las ciudades de la página 8.

**10 (diez)**

Los Clavados.

**1 (uno)**

Acueducto romano.

**2 (dos)**

Museo del Prado.

**3 (tres)**

Catedral de la Sagrada Familia.

a. **Buenos Aires**

b. **México DF**

c. **Segovia**

d. **El Calafate (Patagonia)**

e. **Puerto Iguazú**

f. **Madrid**

g. **Chichén Itzá**

h. **Acapulco**

i. **Córdoba**

j. **Barcelona**

**9 (nueve)**

El Castillo.

**8 (ocho)**

Catedral y Plaza del Zócalo.

**4 (cuatro)**

Mezquita.

**5 (cinco)**

Cataratas del Iguazú.

**7 (siete)**

Glaciar Perito Moreno.

**6 (seis)**

Barrio de la Boca.

**3.** ¿Recuerdas los países de habla hispana?

¿Recuerdas la capital de cada país?

**1.** Escucha la canción y lee las letras.

a b c ch d e f g h i j k l ll m n ñ o p q r s t u v w x y z

Las vocales: a e i o u

Las consonantes: todas las demás

**2.** Compara el abecedario español con el tuyo. ¿Tiene letras diferentes? ¿Cuáles?

 **3.** Escucha. Lee el alfabeto y las palabras.

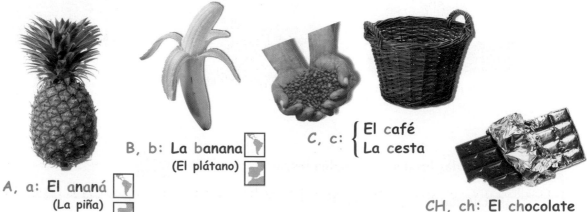

A, a: El ananá
(La piña)

B, b: La banana
(El plátano)

C, c: El café
La cesta

CH, ch: El chocolate

D, d: El dado

E, e: La esmeralda

F, f: Los frijoles
(Las judías)

G, g: { El gaucho
{ El geranio

H, h: El helecho

I, i: El inca

J, j: El jaguar

K, k: El kiwi

L, l: El loro

LL, ll: La llama

M, m: El mango

N, n: La naranja

Ñ, ñ: El ñandú

O, o: El ocelote

Q, q: La quena

P, p: La palmera

R, r: La rueda

T, t: El toro

S, s: El sombrero

V, v: El volcán

W, w: Richard Wagner

U, u: Las uvas

X, x: El xilófono

Y, y: La yuca

Z, z: El zapato

## 4. Juego.

| **A** | **B** |
|---|---|
| Deletrea una de estas palabras a tu compañero. | Escucha a tu compañero y señala la palabra. |

**5.** Escucha y escribe las palabras en tu cuaderno.

## yuca, frijoles.

**6.** Algunos nombres españoles. ¿Existen los mismos en tu país?

| | |
|---|---|
| a | **Armando** |
| b | **Blas** |
| c | **Carmen, Nico, Pascual, Cristina / Cecilia** |
| ch | **Charo** |
| d | **Domingo** |
| e | **Elena** |
| f | **Felipe** |
| g | **Gabriel, Gustavo, Gregorio / Guillermo, Miguel / Gema, Gilda** |
| h | **Hugo** |
| i | **Isabel** |
| j | **Julia** |
| k | **Iñaki** |
| l | **Luis** |
| ll | **Estrella** |
| m | **Marta** |
| n | **Natalia** |
| ñ | **Íñigo** |
| o | **Ofelia** |
| p | **Patricia** |
| q | **Quique** |
| r | **Ramón, Marta, Montserrat / Marina, Héctor** |
| s | **Sara** |
| t | **Tomás** |
| u | **Lucas** |
| v | **Verónica** |
| w | **Oswaldo** |
| x | **Roxana** |
| y | **Soraya / Eloy** |
| z | **Gonzalo** |

**7.** Observa la ortografía.

| b - v | Blas - Verónica |
|---|---|
| c + a/o/u/consonante - qu + e/i | Camilo, Cristina - Quique |
| c + e/i - z + a/o/u | Cecilia - Gonzalo |
| g + a/o/u/consonante - gu + e/i | Gabriel, Gregorio - Guillermo, Miguel |
| g + e/i - j + a/o/u/e/i | Gema, Gilda - Julia |
| i - y (final) | Isabel - Eloy |
| ll - y | Estrella - Amaya |

**8.** ¿De dónde son estos chicos? El nombre y la ciudad terminan en el mismo sonido.

Concepción

Sara

José

San José ┄┄┄┄┄►

Quito

Agustín

Guadalajara

Asunción

Benito

Medellín

Susana

Lugo

La Habana

Hugo

Cartagena

Ramona

Barcelona

Montevideo

Amadeo

Elena

José es de San José.

# 1 Unidad

# ¡Hola!

**1.** Escucha y lee.

| | |
|---|---|
| **Carmen:** | ¡Hola! |
| **Miguel:** | ¡Hola! ¿Cómo te llamas? |
| **Carmen:** | Me llamo Carmen, ¿y tú? |
| **Miguel:** | Me llamo Miguel. |
| **Pablo:** | Adiós. |
| **Carmen:** | Hasta luego. |

**SALUDAR**
- ¡Hola!
- ¡Hola! ¿Qué tal?
- Buenos días.

07.00 ¡Buenos días!

12.00 ¡Buenas tardes!

¡Buenas noches!

**DESPEDIRSE**
- ¡Adiós!
- ¡Hasta luego!

**PRESENTARSE**
- ¿Cómo te llamas?
- Me llamo Sara, ¿y tú?
- Me llamo Julio.

**2.** Elige un nombre español y practica con tu compañero.

| Chicos | Chicas |
|---|---|
| Julio | Natalia |
| Pedro | Sara |
| Armando | Silvia |
| Gabriel | Laura |
| Carlos | Susana |

¡Hola! ¿Cómo te llamas?

Me llamo ...

**3.** **Escucha y lee.**

**Profesor:** ¡Hola, buenos días!
**Alumnos:** ¡Buenos días!
**Profesor:** Soy el profesor de historia.
**Carmen:** ¿Cómo se llama usted?
**Profesor:** Me llamo Antonio Pérez.
¿Y tú cómo te llamas?
**Carmen:** Yo me llamo Carmen.
**Miguel:** Y yo Miguel.

**4.** **Observa.**

¿Cómo te llamas?

Me llamo Carmen.

¿Cómo se llaman?

¿Cómo se llama usted?

Me llamo Antonio Pérez.

**LLAMARSE**

| | |
|---|---|
| (Yo) | me llamo |
| (Tú)* | te llamas |
| (Usted/él/ella) | se llama |
| (Nosotros/as) | nos llamamos |
| (Vosotros/as)** | os llamáis |
| (Ustedes/ellos/ellas) | se llaman |

\* En Argentina y diversas zonas de América:
(Vos) te llamás

\** No se usa en América Latina. Sólo se usa
"ustedes".

**5.** **Completa los diálogos en tu cuaderno
con las formas del verbo *llamarse*.**

1. **Profesor:** ¿Cómo ...?
   **Marta:** ... Marta.

2. **Pablo:** ¿Cómo ...?
   **Profesora:** ... Emilia Ruiz.

3. **Profesor:** ¿Cómo ...?
   **Carmen:** Yo ... Carmen y él ... Armando.

4. **Miguel:** ¿Cómo ... ustedes?
   **Profesor:** ... Juan Muñoz. Soy el profesor de inglés.
   **Profesora:** ... Isabel Corral. Soy la profesora de matemáticas.

# Practica y Consolida

 **1.** Escucha y lee el nombre de estos países.

España    Argentina    Brasil    Alemania

México

Italia    Estados Unidos    Marruecos

Chile

Portugal

Cuba    Bolivia    Perú    Francia

**2.** Relaciona el nombre de cada país con las nacionalidades.

Brasil ⟶ brasileño, brasileña

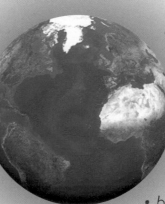

- alemán/alemana
- chileno/chilena
- marroquí/marroquí
- italiano/italiana
- peruano/peruana
- cubano/cubana

- argentino/argentina
- francés/francesa
- mexicano/mexicana
- español/española
- portugués/portuguesa
- estadounidense/estadounidense
- boliviano/boliviana

Terminada en consonante: + **-a**
español > español**a**
alemán > alem**a**n**a**

Terminada en -o: -o > **-a**
peruano > peruan**a**
chileno > chilen**a**

Terminada en -e/-í: no cambia
estadounidense ⟶ estadounidense
marroquí ⟶ marroquí

**DECIR LA NACIONALIDAD**
- ¿De dónde eres?
- Soy española. ¿Y tú?
- Soy mexicano.

**3.** Escucha y di si es **verdadero** o **falso**.

- Armando es boliviano.
- Tamara es cubana.
- Juan es mexicano.
- Marta es española.
- Manuel es argentino.

**SER**

| | |
|---|---|
| (Yo) | soy |
| (Tú)* | eres |
| (Usted/él/ella) | es |
| (Nosotros/as) | somos |
| (Vosotros/as) | sois |
| (Ustedes/ellos/ellas) | son |

\* En Argentina y diversas zonas de América: (Vos) sos

**4.** ¿Qué dicen...?

1

2

3

4

**5.** Ahora, con tu compañero imagina y representa la conversación entre Armando y Tamara y entre Marta y Manuel.

¡Hola! ¿Cómo te llamas?

Me llamo...

¿..............?

Soy...

# Unidad 1

# Cumpleaños

**1.** Escucha la canción.

## NÚMEROS

| | | |
|---|---|---|
| 1-uno | 11-once | 21-veintiuno |
| 2-dos | 12-doce | 22-veintidós |
| 3-tres | 13-trece | 23-veintitrés |
| 4-cuatro | 14-catorce | 24-veinticuatro |
| 5-cinco | 15-quince | 25-veinticinco |
| 6-seis | 16-dieciséis | 26-veintiséis |
| 7-siete | 17-diecisiete | 27-veintisiete |
| 8-ocho | 18-dieciocho | 28-veintiocho |
| 9-nueve | 19-diecinueve | 29-veintinueve |
| 10-diez | 20-veinte | 30-treinta |
| | | 31-treinta y uno |

**2.** Sigue las series.

tres ⟶ cinco ⟶ siete ⟶ ¿ ... ?

dos ⟶ cuatro ⟶ ocho ⟶ ¿ ... ?

ocho ⟶ doce ⟶ dieciséis ⟶ ¿ ... ?

**3.** Escucha y lee.

| | |
|---|---|
| **Marta:** | ¿Cuántos años tienes? |
| **Pablo:** | Tengo doce años, ¿y tú? |
| **Marta:** | Trece. ¿Y tú, Miguel? |
| **Miguel:** | Trece también. |
| **Carmen:** | Y yo tengo doce años, como Pablo. |

**4.** Completa las frases con el verbo *tener*.

- Elena ... doce años.
- (Tú) ... trece años.
- Juan y Mario ... once años.
- Nosotras ... once años.
- Usted ... treinta años.
- (Yo) ... diez años.

## TENER

| | |
|---|---|
| (Yo) | tengo |
| (Tú)* | tienes |
| (Usted/él/ella) | tiene |
| (Nosotros/as) | tenemos |
| (Vosotros/as)** | tenéis |
| (Ustedes/ellos/as) | tienen |

* (Vos) tenés

** En América Latina no se usa "vosotros/as". Sólo se usa "ustedes".

**5.** Y tú, ¿cuántos años tienes?

**6.** Observa el calendario: meses del año.

Día de la Hispanidad.

LOS DÍAS DE
LA SEMANA

Lunes
Martes
Miércoles
Jueves
Viernes
Sábado
Domingo

**7.** Escucha y localiza las fechas.

• *Lunes 3 (tres) de marzo.*      • *Domingo 12 (doce) de octubre.*

**8.** Escucha y lee.

**Pablo:** Marta, ¿cuándo cumples años?
**Marta:** El veintidós de abril, ¿y tú?
**Pablo:** El trece de febrero.
**Carmen:** Pues yo cumplo trece años
el dos de noviembre.
**Miguel:** Y yo cumplo catorce el treinta
de julio.

HABLAR DE LA EDAD

• ¿Cuántos años tienes?
• Tengo once años.

• ¿Cuándo cumples años?
• El trece de junio.

**9.** Sigue las líneas y escribe frases como en los ejemplos.

• *El cumpleaños de Lucas es el seis de marzo.*
*Lucas cumple años el seis de marzo.*

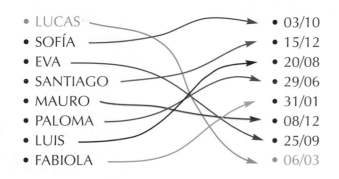

• LUCAS
• SOFÍA
• EVA
• SANTIAGO
• MAURO
• PALOMA
• LUIS
• FABIOLA

• 03/10
• 15/12
• 20/08
• 29/06
• 31/01
• 08/12
• 25/09
• 06/03

**CUMPLIR**

| | |
|---|---|
| (Yo) | cumplo |
| (Tú)* | cumples |
| (Usted/él/ella) | cumple |
| (Nosotros/as) | cumplimos |
| (Vosotros/as)** | cumplís |
| (Ustedes/ellos/as) | cumplen |

* (Vos) cumplís

** En América Latina no se usa
"vosotros/as". Sólo se usa "ustedes".

**10.** Y tú, ¿cuándo cumples años?

**1.** Habla con tu compañero.

| A |
| --- |
| Di estas fechas a tu compañero.<br>15 de agosto    25 de noviembre<br>18 de marzo     30 de enero |

| B |
| --- |
| Escucha a tu compañero y localiza las fechas.<br>25/11   18/02   15/08   05/09<br>30/05   18/03   14/06   30/01 |

| A |
| --- |
| Ahora, escucha a tu compañero y localiza las fechas.<br>22/03   04/02   08/07   19/09<br>29/09   08/06   14/02   12/03 |

| B |
| --- |
| Ahora, di estas fechas a tu compañero.<br>8 de julio      22 de marzo<br>14 de febrero    29 de septiembre |

**2.** Observa y di los nombres de los meses en las estaciones del año en España (hemisferio norte).

| Hemisferio norte | | Hemisferio sur |
| --- | --- | --- |
| LA PRIMAVERA  ⟶ | 21/03 - 21/06  ⟵ | EL OTOÑO |
| EL VERANO  ⟶ | 22/06 - 22/09  ⟵ | EL INVIERNO |
| EL OTOÑO  ⟶ | 23/09 - 20/12  ⟵ | LA PRIMAVERA |
| EL INVIERNO  ⟶ | 21/12 - 20/03  ⟵ | EL VERANO |

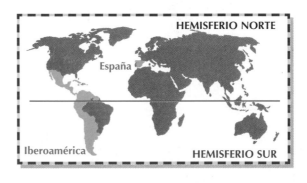

**3.** a. Lee.

María y Mauro son dos estudiantes como tú. María es española, vive en Zaragoza y tiene trece años. Mauro es argentino, tiene doce años y vive en Córdoba.

María y Mauro cumplen años en diciembre, María el día quince y Mauro el día diez.

Los regalos de cumpleaños son:

- Para María, una semana de esquí en la estación de Andorra (porque en España es invierno) y un libro de su signo del Zodiaco, Sagitario.

- Para Mauro, una tabla de *surf* (en Argentina es verano) y una semana en la playa.

## SIGNOS DEL ZODIACO

1. ARIES
2. TAURO
3. GÉMINIS
4. CÁNCER
5. LEO
6. VIRGO
7. LIBRA
8. ESCORPIO
9. SAGITARIO
10. CAPRICORNIO
11. ACUARIO
12. PISCIS

**b. Contesta.**

- ¿Qué vacaciones prefieres, las de invierno de María o las de verano de Mauro?
- ¿De qué mes eres?
- ¿Qué signo del Zodiaco eres?

Soy del mes de abril y soy aries.

**4.** Cinco de los nombres de los días de la semana vienen de los planetas: ¿cuáles?

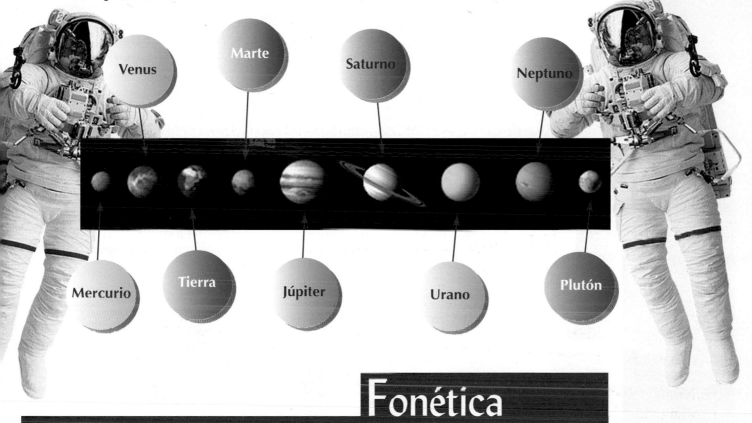

Venus

Marte

Saturno

Neptuno

Mercurio

Tierra

Júpiter

Urano

Plutón

# Fonética

SIGNOS DE PUNTUACIÓN
1. Escucha y repite.

- ¡Hola!
- ¡Buenos días!
- ¡Adiós!
- ¿Qué tal?
- ¿Cómo te llamas?
- ¿De dónde eres?

Observa:
- Las frases interrogativas llevan ¿?
- Las frases exclamativas llevan ¡!

2. Escucha. ¿Qué frase es interrogativa o exclamativa?

3. Escucha de nuevo y escribe las frases.

# España

FRANCIA

• Santiago de Compostela

ESPAÑA

Barcelona

Océano Atlántico

PORTUGAL

Ávila • • Madrid
• Toledo
• Valencia

Islas Baleares

Córdoba • • Jaén
Ronda • • Granada
• Málaga

Mar Mediterráneo

Tenerife

Islas Canarias

el geranio

El país tiene una superficie de 504.782 kilómetros cuadrados y cuarenta millones de habitantes.

Está dividido en diecisiete comunidades autónomas y dos son archipiélagos: las Islas Baleares, en el mar Mediterráneo, y las Islas Canarias, en el océano Atlántico.

El idioma oficial es el español (o castellano), pero también el catalán (en Cataluña), el gallego (en Galicia) y el euskera (en el País Vasco).

El euro es la moneda de la Unión Europea desde el 1 de enero de 2002.

Euro.

Los molinos de viento. Consuegra. TOLEDO.

el pan

el salchichón

el queso

el jamón

el chorizo

La Catedral de la Sagrada Familia. BARCELONA.

Cultivo de naranjos. VALENCIA.

La Mezquita. CÓRDOBA.

El Patio de los Leones. La Alhambra.

La Alhambra. GRANADA.

El Teide. Tenerife. ISLAS CANARIAS.

**mochila**

La Basílica de Santiago de Compostela.
LA CORUÑA.

Cultivo de olivos.
JAÉN.

El Palacio Real.
MADRID.

La Fuente de La Cibeles. MADRID.

Las murallas.
ÁVILA.

La Plaza de Toros de Las Ventas.
MADRID.

Pueblo blanco.
Ronda.
MÁLAGA.

Playa de la Costa del Sol. MÁLAGA.

## Documentos

Ramón Gómez de la Serna: escritor español del siglo XX. Nace en Madrid. Vive y muere en Buenos Aires (Argentina).

Inventa las "greguerías", textos muy cortos humorísticos. Hablan de objetos o animales de forma surrealista. El autor las define así:

50% de humorismo + 50% de metáfora.

La ñ es la n con bigote.

La q es la p que vuelve de paseo.

El café con leche es una bebida mulata.

La jirafa es una grúa que come hierba.

El más pequeño ferrocarril del mundo es la oruga.

# CHIC@S en la red

Tu amigo Pablo cumple hoy 12 años.
Mándale una tarjeta virtual de felicitación.

- Escribe www.postales.com
- Elige una postal, escribe tu mensaje.
- Mándala a chicos-chicas@edelsa.es

Querido/Querida...
Hoy, ... de mayo, cumples ... años.
¡Muchas felicidades!/¡Feliz cumpleaños!/¡Felicidades!
Besos./Un abrazo.

# FICHA RESUMEN

## COMUNICACIÓN

- Saludar
¡Hola! ¿Qué tal?
¡Buenos días!
¡Buenas tardes!
¡Buenas noches!
- Preguntar y decir el nombre
¿Cómo te llamas?
Me llamo Carmen, ¿y tú?
- Preguntar y decir la edad
¿Cuántos años tienes?
Doce.
¿Cuándo cumples años?
El quince de julio.

- Despedirse
Adiós.
Hasta luego.

- Preguntar y decir la nacionalidad
¿De dónde eres?
Soy español.
- Decir fechas
Lunes tres de marzo.

## GRAMÁTICA

- Los interrogativos
¿Cómo? ¿Cuántos? ¿Cuándo? ¿Qué? ¿De dónde...?
- Adjetivos de nacionalidad: masculino/femenino
español/española; italiano/italiana; marroquí/marroquí.
- Los pronombres sujeto
Yo, tú/vos, usted, él/ella, nosotros/as, vosotros/as, ustedes, ellos/ellas.
- Los pronombres reflexivos
Me, te, se, nos, os, se.
- Tú/usted
¿Cómo te llamas?
¿Cómo se llama?
- Presente de indicativo
Llamarse, ser, tener, cumplir.

## VOCABULARIO

- Países y nacionalidades
España (español/española), Argentina (argentino/argentina),
Francia (francés/francesa)...
- Los números hasta 31
Uno, dos, tres, cuatro, cinco...
- Los días, los meses y las estaciones
Lunes, martes, miércoles...
Enero, febrero, marzo...
El invierno, la primavera, el verano y el otoño.

# En el aula

**1.** Escucha y lee.

- 1 los alumnos
- 2 el profesor
- 3 el libro
- 4 la regla
- 5 la pizarra
- 6 la papelera
- 7 el cuaderno
- 8 el lápiz
- 9 la silla
- 10 la goma
- 11 el bolígrafo
- 12 el pegamento
- 13 las tijeras
- 14 el sacapuntas
- 15 los rotuladores
- 16 el estuche
- 17 los lápices de colores
- 18 la mesa
- 19 la mochila

**2.** Escucha y di los nombres.

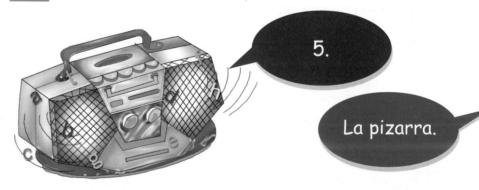

5.

La pizarra.

**3.** Clasifica en tu cuaderno las palabras del ejercicio 1.

| • el/un | • la/una | • los/unos | • las/unas |
|---|---|---|---|
| el/un estuche | | los/unos rotuladores | |

| LOS ARTÍCULOS DETERMINADOS | | |
| --- | --- | --- |
| | *masculino* | *femenino* |
| *singular* | **el** libro | **la** regla |
| *plural* | **los** alumnos | **las** mesas |

| LOS ARTÍCULOS INDETERMINADOS | | |
| --- | --- | --- |
| | *masculino* | *femenino* |
| *singular* | **un** libro | **una** regla |
| *plural* | **unos** alumnos | **unas** mesas |

**4.** **Observa las palabras del ejercicio 1 y señala la respuesta correcta.**

- Las palabras terminadas en **-o** son
- Las palabras terminadas en **-a** son
- Las palabras terminadas en **-or** son

| Masculinas | Femeninas |
| --- | --- |
| | |
| | |
| | |

**5.** **Observa.**

| EL PLURAL | |
| --- | --- |
| *Singular* | *Plural* |
| palabras terminadas en **vocal**<br>*cuaderno, libro, mesa, silla* | **+ -s**<br>*cuadernos, libros, mesas, sillas* |
| palabras terminadas en **consonante**<br>*rotulador, español* | **+ -es**<br>*rotuladores, españoles* |
| **-z**<br>*lápiz* | **-z > -ces**<br>*lápices* |
| *El sacapuntas > Los sacapuntas*<br>*Las tijeras: siempre en plural.* | |

**6.** **Di el plural de estas palabras.**

- la mochila
- un estuche
- el profesor
- una regla
- el bolígrafo
- una profesora

**7.** **Mira la foto.**
**¿Qué tiene Pablo?**

# ¿Verdadero o falso?

- Dos reglas.
- Tres rotuladores.
- Cuatro libros.
- Un compás.
- Unos lápices.
- Unos bolígrafos.
- Unas tijeras.
- Tres gomas.
- Un sacapuntas.
- Un cuaderno.
- Un ordenador.

🎧 **1.** Escucha la canción de los colores.

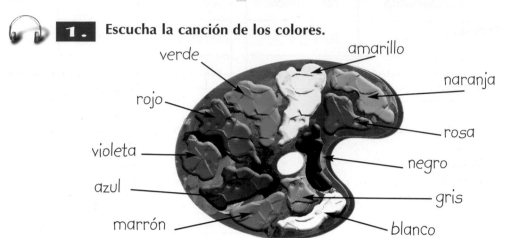

verde
amarillo
naranja
rojo
rosa
violeta
negro
azul
gris
marrón
blanco

**2.** Observa las camisetas de los equipos de fútbol.
a. Contesta a las preguntas.

Barcelona

Selección Española

Atlético de Madrid

Boca Juniors

Deportivo de
La Coruña

Real Madrid

Roma

Betis

Selección
Brasileña

Selección Italiana

Celtic de Glasgow

River Plate

- ¿De qué color es la camiseta del Boca Juniors?
- ¿Qué camisetas tienen los mismos colores?

b. Habla con tu compañero.

| A |
|---|
| • Verde y blanco. |

| B |
|---|
| • Es el Betis o el Celtic de Glasgow. |

## 3. Observa.

| Masculino | Femenino |
|---|---|
| -o | -o > -a |
| negro | negra |
| blanco | blanca |
| amarillo | amarilla |
| verde | |
| azul | |
| marrón | |
| rosa - naranja - violeta | |

| Singular | Plural |
|---|---|
| Consonante | + -es |
| azul | azules |
| gris | grises |
| marrón | marrones |
| Vocal | -s |
| verde | verdes |
| rojo | rojos |
| violeta | violetas |
| rosa | rosas |

## 4. Escribe en tu cuaderno frases como en el ejemplo.

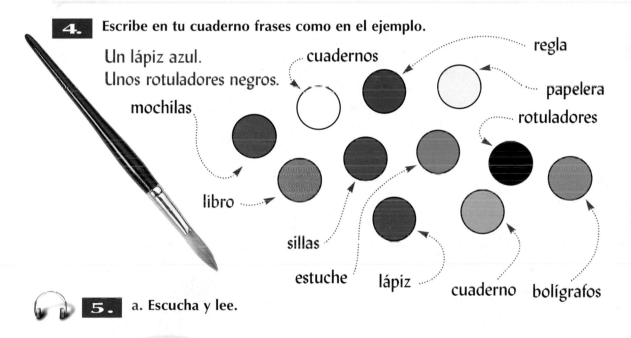

Un lápiz azul.
Unos rotuladores negros.

cuadernos

regla

papelera

rotuladores

mochilas

libro

sillas

estuche

lápiz

cuaderno

bolígrafos

## 5. a. Escucha y lee.

¿Cómo se dice 15 en español?

¿Está bien así?

¿Qué página es?

¿Cómo se escribe?

¿Puede repetir, por favor?

¿Qué significa "verde"?

b. Ahora, escucha al profesor y relaciona las frases con las ilustraciones.

# Plan de trabajo

**1.** **a.** Escucha a Carmen y a Pablo y lee la agenda.

### Miércoles 15 · de Octubre

**Lengua y literatura:**
. Leer texto página 30
. Describir la foto.
. Aprender la poesía página 24

. Responder a las preguntas 3 y 4.

**Inglés:**
. Hacer ejercicio 2 página 29.
. Conjugar To Be en presente indicativo.

**Geografía:**
. Dibujar el mapa de España.

**b.** Lee de nuevo la agenda y relaciona.

Leer •     • la foto.
Describir •     • a las preguntas.
Aprender •     • el ejercicio.
Responder •     • el texto.
Hacer •     • la poesía.
Conjugar •     • el mapa.
Dibujar •     • el verbo.

**2.** Escucha y señala quién habla.

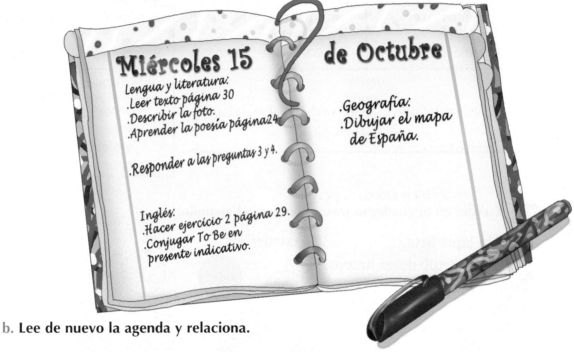

2 — Hablamos, escuchamos casetes, describimos fotos. ¡Trabajamos mucho!

1 — Leemos y escribimos textos, dibujamos, aprendemos canciones.

3 — Y también cantamos, recitamos poesías, conjugamos verbos, hacemos ejercicios.

4 — Respondemos a las preguntas del profesor. ¡Y hacemos exámenes!

**3.** Observa el Presente de Indicativo. En español, hay tres grupos de verbos: en -ar, en -er y en -ir.

| | VERBOS REGULARES | | | VERBO IRREGULAR |
|---|---|---|---|---|
| | HABLAR | RESPONDER | ESCRIBIR | HACER |
| (Yo) | hablo | respondo | escribo | hago |
| (Tú)* | hablas | respondes | escribes | haces |
| (Usted/él/ella) | habla | responde | escribe | hace |
| (Nosotros/as) | hablamos | respondemos | escribimos | hacemos |
| (Vosotros/as) | habláis | respondéis | escribís | hacéis |
| (Ustedes/ellos/ellas) | hablan | responden | escriben | hacen |
| * (Vos) | hablás | respondés | escribís | hacés |

En algunos países de América Latina.

**4.** Indica el infinitivo de los verbos del ejercicio 2.

*Escuchamos > escuchar*

**5.** Escucha e indica la persona.

Trabajas.

Tú.

**6.** Conjuga los verbos.

| | 1 | 2 | 3 | 4 | 5 |
|---|---|---|---|---|---|
| **a** | hacer ejercicios | dibujar mapas | recitar una poesía | describir una foto | responder a las preguntas **del** profesor |
| **b** | escribir un texto | aprender la lección | escuchar **al** profesor | leer un texto | conjugar los verbos |

*yo/a3*        *Recito una poesía.*

- yo/a3
- tú/b5
- nosotros/a5
- usted/a4
- él/b2
- yo/a1
- vosotros/b4
- yo/a5
- ustedes/a2
- ellas/b3
- vosotros/b1
- usted/b4

**de + el > del**
**a + el > al**

**7.** ¿Cuáles son tus actividades de clase preferidas?

*Mis actividades preferidas son leer textos...*

**1.** De dos en dos.

a. Con tu compañero, encuentra siete formas verbales en esta sopa de letras.

| T | R | G | E | E | T | I | N | H | P | B |
|---|---|---|---|---|---|---|---|---|---|---|
| E | C | R | M | S | E | X | I | A | A | E |
| N | L | E | G | C | P | E | R | B | A | S |
| G | I | Y | Y | U | U | S | Y | L | J | C |
| O | L | H | A | C | E | X | P | Á | Ñ | R |
| V | E | J | P | H | R | U | A | I | A | I |
| L | E | O | U | A | A | N | A | S | K | B |
| A | O | B | O | S | I | V | I | A | N | E |
| C | D | N | G | T | G | I | L | Q | S | N |
| C | O | N | J | U | G | A | M | O | S | L |

b. Ahora, relaciona los verbos del ejercicio a con estas expresiones y escribe las frases.

Tengo una mochila verde

Conjugar
Escribir
Hacer
Tener
Leer
Hablar
Escuchar

una canción

un texto

una poesía

los deberes

con la profesora

los verbos

el ejercicio 5

un examen

inglés y español

el casete

una mochila verde

bolígrafos negros

**2.** Relaciona.

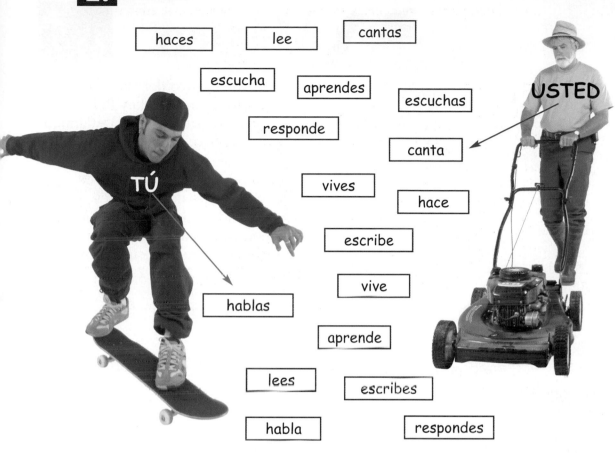

haces   lee   cantas

escucha   aprendes

USTED

escuchas

responde

canta

TÚ

vives   hace

escribe

vive

hablas

aprende

lees   escribes

habla   respondes

# Fonética

## ACENTUACIÓN DE LAS PALABRAS

1. Escribe estas palabras en tu cuaderno. Separa las sílabas.
2. Escucha y rodea la sílaba acentuada.

- profesor
- Carmen
- edad

- años
- número
- cuaderno

- bolígrafos
- estuche
- lápiz

- mochila
- escuchamos
- exámenes

La sílaba tónica puede ser la última (edad),
la penúltima (estuche) o la
antepenúltima (número).

3. Pronuncia estas palabras. Luego, escucha y comprueba.

- español
- usted
- tenemos

- América
- trece
- sábado

- nosotros
- veintidós
- hola

- Perú
- junio
- profesor

- ustedes
- agosto
- México

## México

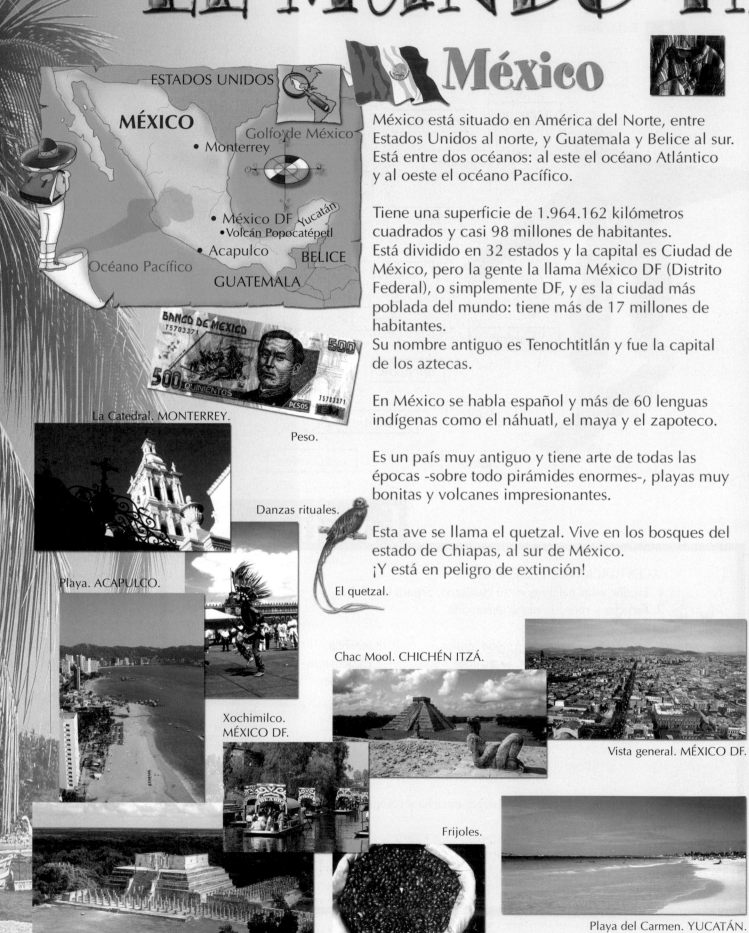

ESTADOS UNIDOS

MÉXICO

Golfo de México

• Monterrey

• México DF
Yucatán
• Volcán Popocatépetl

• Acapulco
BELICE

Océano Pacífico

GUATEMALA

México está situado en América del Norte, entre Estados Unidos al norte, y Guatemala y Belice al sur. Está entre dos océanos: al este el océano Atlántico y al oeste el océano Pacífico.

Tiene una superficie de 1.964.162 kilómetros cuadrados y casi 98 millones de habitantes.
Está dividido en 32 estados y la capital es Ciudad de México, pero la gente la llama México DF (Distrito Federal), o simplemente DF, y es la ciudad más poblada del mundo: tiene más de 17 millones de habitantes.
Su nombre antiguo es Tenochtitlán y fue la capital de los aztecas.

En México se habla español y más de 60 lenguas indígenas como el náhuatl, el maya y el zapoteco.

Es un país muy antiguo y tiene arte de todas las épocas -sobre todo pirámides enormes-, playas muy bonitas y volcanes impresionantes.

Esta ave se llama el quetzal. Vive en los bosques del estado de Chiapas, al sur de México.
¡Y está en peligro de extinción!

BANCO DE MEXICO
500 QUINIENTOS

La Catedral. MONTERREY.

Peso.

Danzas rituales.

El quetzal.

Playa. ACAPULCO.

Chac Mool. CHICHÉN ITZÁ.

Xochimilco. MÉXICO DF.

Vista general. MÉXICO DF.

Frijoles.

Playa del Carmen. YUCATÁN.

El Templo de los Guerreros. CHICHÉN ITZÁ.

mochila

Catedral. MÉXICO DF.

Artesanía.

El Zócalo. MÉXICO DF.

Choclo.

Torre Caballito. MÉXICO DF.

Clavados. ACAPULCO.

Los voladores de Chapultepec. MÉXICO DF.

Mariachis.

El volcán Popocatépetl

Mural.

Tlapalería.

Vendedor ambulante.

El Palacio de Bellas Artes. MÉXICO DF.

## Documentos

Mitología azteca (México)
Dos dioses hermanos crean el mundo, la humanidad y luego luchan entre sí:
• Tonacatecutli (El Sol)
• Tonacacíhuatl (La Luna), padres de todos los dioses posteriores.

- Quetzalcóatl ("la Serpiente Emplumada")
Dios del agua, de la vida, del viento, de la agricultura. Considerado como el dios más importante.
- Tezcatlipoca
Dios de las cosas nefastas y de los conflictos.

• Otras divinidades:
- Huitzilopochtli
Dios solar y guerrero, hijo de Quetzalcóatl y Coatlicue.
- Coatlicue
Dios de la tierra.
- Tlaloc
Dios de la lluvia y el rayo.

"Dicen que Quetzalcóatl fue quien creó el mundo y lo llaman Dios del viento porque dicen que Tonacatecutli, cuando le pareció bien, sopló y nació así Quetzalcóatl."
Códice Telleriano-Remensis.

# CHIC@S en la red

Visita la página de los alumnos del
Instituto Antonio Gaudí de Barcelona.

## Instituto Antonio Gaudí

Somos los alumnos del Instituto Gaudí de Barcelona.
Tenemos clases de lunes a viernes: por las mañanas de nueve y media a una y media, y por las tardes de tres a cinco.
Este año, el curso empieza el 15 de septiembre y termina el 23 de junio.
En Navidades tenemos vacaciones del 23 de diciembre al 7 de enero. También tenemos vacaciones los días de Carnaval (11 y 12 de febrero) y en Semana Santa (del 7 al 16 de abril).
Y, claro, tenemos vacaciones en verano: de finales de junio al 15 de septiembre. ¡Más de dos meses!

La Sagrada Familia.

*Antonio Gaudí (1852-1926), arquitecto catalán. Sus principales obras son:*

La Pedrera.

El Parque Güell.

**Situación**

**Gimnasio**

**Biblioteca**

**Aula de informática**

**Laboratorio de idiomas**

**Comedor**

**Anuncios**

**Actividades extraescolares**

*e-mail*

1. Y tú,
- ¿cuándo empiezas y terminas las clases?
- ¿qué días tienes clase?
- ¿cuándo tienes vacaciones?
2. ¿Qué horario prefieres, tu horario o el del Instituto Gaudí?
3. Escribe la página *web* de tu instituto.

# FICHA RESUMEN

## COMUNICACIÓN

- Hablar del material escolar
*Tengo una mochila verde.*
- Presentar las actividades del aula
*Leemos textos. Aprendemos canciones.*
- Recursos para la comunicación en el aula
*¿Cómo se escribe? ¿Qué significa «mochila»?*

## GRAMÁTICA

- Interrogativos
*¿Cuáles?*
- Los artículos determinados e indeterminados
*el/la, los/las.*
*un/una, unos/unas.*
- El género de los nombres
*Palabras en -o, -a, -or.*
- El plural de los nombres
*cuaderno/cuadernos; rotulador/rotuladores; lápiz/lápices.*
- Los colores: masculino/femenino; singular/plural
*negro/negra; azul/azul; rosa/rosa...*
*verde/verdes, azul/azules, marrón/marrones...*
- Contracciones
*a + el > al*
*de + el > del*
- Las tres conjugaciones: verbos en -*ar*, en -*er* y en -*ir*
*Hablar, responder, escribir.*
- El presente de indicativo
*Verbos regulares.*
*Hacer.*

## VOCABULARIO

- El material escolar
*El libro, la regla, el bolígrafo...*
- Actividades del aula
*Leer textos, escribir, hacer exámenes...*
- Los colores
*Blanco, azul, verde...*

# Vida cotidiana

### 1. Observa.

en punto
y cinco
menos diez
menos cuarto
y cuarto
menos veinte
y veinticinco
y media

- Es la una.
- Son las dos y cinco.
- Son las tres y cuarto.
- Son las diez menos diez.
- Son las nueve menos cuarto.
- Son las siete y media.
- Son las ocho menos veinticinco.
- Son las cinco y veinte.

Son las dos y media.

### 2. Escucha e indica los relojes.

a
d
b
c
e
f
g
h

### 3. Habla con tu compañero.

| A | B |
|---|---|
| Di una hora del ejercicio 1 a tu compañero. | Escucha a tu compañero e indica el reloj. |

### 4. Calcula e indica las horas.

- Las tres y media más veinte minutos son...
- Las seis menos diez más quince minutos son...
- Las ocho y cuarto más treinta minutos son...
- La una y cinco menos veinticinco minutos es...
- Las diez menos diez más un cuarto de hora son...

¿····?

## 5. Observa. EL PRESENTE DE INDICATIVO.

|  | Verbos con pronombre |  |
| --- | --- | --- |
|  | **LEVANTARSE** | |
| (Yo) | me | levanto |
| (Tú)* | te | levantas |
| (Usted/él/ella) | se | levanta |
| (Nosotros/as) | nos | levantamos |
| (Vosotros/as) | os | levantáis |
| (Ustedes/ellos/ellas) | se | levantan |
| | | |
| *(Vos) | te | levantás |

*En algunos países de América Latina

### VERBOS IRREGULARES

| DECIR | IR | SALIR |
| --- | --- | --- |
| digo | voy | salgo |
| dices | vas | sales |
| dice | va | sale |
| decimos | vamos | salimos |
| decís | vais | salís |
| dicen | van | salen |
| | | |
| decís | vas | salís |

### VERBOS IRREGULARES

| | O > UE | U > UE | E > IE | E > I | |
| --- | --- | --- | --- | --- | --- |
| | **VOLVER** | **JUGAR** | **EMPEZAR** | **VESTIRSE** | |
| (Yo) | vuelvo | juego | empiezo | me | visto |
| (Tú)* | vuelves | juegas | empiezas | te | vistes |
| (Usted/él/ella) | vuelve | juega | empieza | se | viste |
| (Nosotros/as) | volvemos | jugamos | empezamos | nos | vestimos |
| (Vosotros/as) | volvéis | jugáis | empezáis | os | vestís |
| (Ustedes/ellos/ellas) | vuelven | juegan | empiezan | se | visten |
| | | | | | |
| *(Vos) | volvés | jugás | empezás | te | vestís |

## 6. Lee el texto. Di lo que hace Marta y a qué hora.

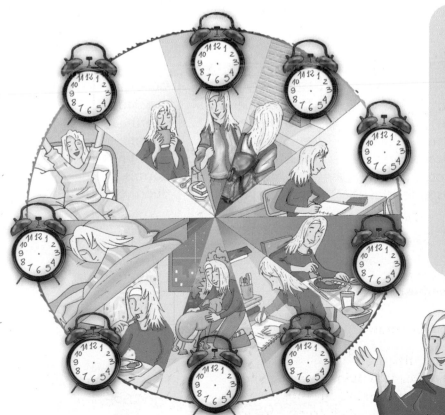

Todos los días me levanto a las siete y cuarto de la mañana. Me lavo, me visto y tomo el desayuno. Salgo de mi casa a las ocho. Voy al instituto caminando y llego a las ocho y veinte. Empiezo las clases a las ocho y media. Vuelvo a casa y como a las dos y cuarto. Hago los deberes a las cuatro. A las cinco meriendo y juego con mi perro y con mis amigos. Ceno a las nueve menos cuarto y me acuesto a las diez de la noche.

**1.** Y tú, ¿a qué hora realizas estas actividades todos los días?

- Por la mañana.
- Por la tarde.
- Por la noche.

- Levantarse
- Lavarse
- Vestirse
- Tomar el desayuno

- Salir de casa
- Llegar al instituto o al colegio
- Empezar las clases
- Volver a casa

- Comer
- Merendar
- Hacer los deberes
- Acostarse

**2.** ¿Qué verbos son? Sigue las flechas y completa las palabras.

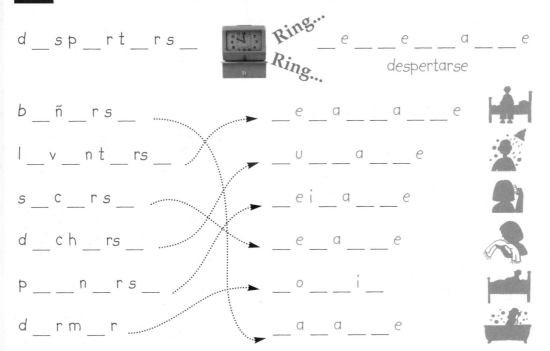

d _ _ s p _ _ r t _ _ r s _        Ring...    _ e _ _ _ e _ _ a _ _ _ e
                                    Ring...    despertarse

b _ ñ _ _ r s _                    _ e _ a _ _ a _ _ _ e

l _ v _ _ n t _ r s _              _ u _ _ a _ _ _ e

s _ c _ _ r s _                    _ e i _ a _ _ _ e

d _ _ c h _ rs _                   _ e _ a _ _ e

p _ _ _ n _ r s _                  _ o _ _ i _

d _ _ r m _ r                      _ a _ a _ _ e

| | DESPERTARSE | | DORMIR |
|---|---|---|---|
| (Yo) | me | despierto | duermo |
| (Tú)* | te | despiertas | duermes |
| (Usted/él/ella) | se | despierta | duerme |
| (Nosotros/as) | nos | despertamos | dormimos |
| (Vosotros/as) | os | despertáis | dormís |
| (Ustedes/ellos/ellas) | se | despiertan | duermen |
| | | | |
| *(Vos) | te | despertás | dormís |

**3.** a. Separa los verbos.

Duermennosvestimostedespiertassebañaosducháis
sepeinandormimosmesecoseduchatebañassedespiertan

b. Indica el infinitivo.

**4.** ¿Tienes memoria?

**a.** Lee estos verbos cuatro veces; luego, tápalos.

| tienes | salgo | somos | dormís |
|---|---|---|---|
| vuelven | os peináis | se despiertan | nos bañamos |
| te duchas | juega | me acuesto | te vistes |

**b.** Cinco verbos son diferentes: ¿cuáles?

| tienes | salgo | somos | dormís |
|---|---|---|---|
| vuelven | se peinan | se despiertan | nos bañamos |
| se ducha | se acuestan | juegan | me visto |

**5.** Une las piezas y escribe las frases.

**6.** ¿Qué hace Lucía?

**a.** Lee este texto.
**b.** Ordena las viñetas.

• Todos los días Lucía se despierta a las *siete y media* y se levanta cinco minutos después.

• Se ducha, se peina y se viste en veinte minutos.

• Desayuna en un cuarto de hora. Toma chocolate con cereales.

• Luego, se va al instituto en bicicleta y llega quince minutos más tarde.

• Cinco minutos después, empiezan las clases.

• Los martes por la mañana Lucía tiene dos horas de Matemáticas, una hora de Inglés, quince minutos de recreo y dos horas de Educación Física.

1.
2.
3.
4.
5.
6.

**c.** ¿A qué hora termina Lucía las clases los martes por la mañana?

# Me gustan las matemáticas

**1.** Escucha a Carmen: ¿qué asignaturas tiene?

Este año estudio

$\sqrt{244}$

¡Muchas asignaturas!

**2.** Ahora, escucha a Carmen y a Miguel y completa su horario.

|  | LUNES | MARTES | MIÉRCOLES | JUEVES | VIERNES |
|---|---|---|---|---|---|
| 9.00 - 10.00 | Matemáticas | Tecnología | Inglés | Francés | Francés |
| 10.00 - 11.00 | Lengua y Literatura | Matemáticas | Lengua y Literatura | | Tecnología |
| 11.00 - 11.30 | r e c r e o | | | | |
| 11.30 - 12.30 | | Inglés | | Inglés | |
| 12.30 - 13.30 | Ed. Física | Lengua y Literatura | Matemáticas | | Ciencias de la Naturaleza |
| 13.30 - 15.30 | c o m i d a | | | | |
| 15.30 - 16.30 | | Religión o Act. de Estudio | | Tecnología | Ed. Plástica |
| 16.30 - 17.30 | Ed. Plástica | | Ed. Física | Música | |

**3.** Observa el horario y contesta a tu compañero.

- ¿Cuándo practican deporte?
- ¿Cuántas horas de matemáticas tienen?
- ¿Qué días no tienen inglés?
- ¿A qué hora tienen lengua los miércoles?
- ¿Cuántas materias estudian los viernes?
- ¿Qué materia estudian los lunes a las tres y media?
- ¿Cuántas horas por semana tienen en total?

**LA FORMA NEGATIVA**
No + verbo.

No tengo inglés los lunes.
No practicas deporte los martes.
No estudiamos inglés los viernes.

**4.** **a. Escucha y observa.**

 ...................... las ciencias.

 ...................... la geografía.

 ...................... el inglés.

 ...................... las ciencias.

 ...................... el deporte.

 ...................... la historia.

 ...................... las matemáticas.

 ...................... el deporte.

**b. Escucha de nuevo y completa las frases del ejercicio 4.**

**EXPRESAR GUSTOS**

| (A mí) | me | |
|---|---|---|
| (A ti/vos) | te | gusta ⟨ **el** deporte. / **la** historia. |
| (A usted/él/ella) | le | |
| (A nosotros/as) | nos | |
| (A vosotros/as) | os | gustan ⟨ **los** deportes. / **las** ciencias. |
| (A ustedes/ellos/ellas) | les | |

| ACUERDO | | DESACUERDO | |
|---|---|---|---|
| ☺ Me gusta el deporte. | ☺ A mí también. | ☺ Me gusta el deporte. | ☹ A mí no. |
| ☹ No me gusta el deporte. | ☹ A mí tampoco. | ☹ No me gusta el deporte. | ☺ A mí sí. |

**5.** **Completa en tu cuaderno con "gusta" o "gustan".**

- A Juan no le ...... las ciencias.
- No nos ...... las matemáticas.
- A Pedro y a Andrea les ...... la geografía.
- ¿Te ...... el deporte?
- A José le ...... la historia.

**6.** **Habla con tu compañero.**

Me gusta la música. ¿Y a ti?

A mí también, pero no me gusta la historia.

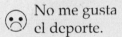

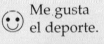
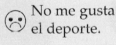

**1.** Amalia, Julia, Alicia, Pedro y Javier son cinco compañeros de clase. ¿Qué dicen? Observa el horario de la página 42 y contesta a sus preguntas.

> Hola, soy Amalia. ¿Qué días llevo en la mochila lápices de colores, rotuladores de todos los colores, un lápiz, una goma y un sacapuntas? ¿Cuántas clases de lengua y literatura tengo? ¿Te gusta mi horario?

> Hola, soy Pedro. Me gusta mucho el deporte. ¿Qué días me gustan más? ¿Qué día tengo tecnología pero no tengo música?

> Y yo soy Alicia. ¿Qué días de la semana hablo lenguas extranjeras? ¿Qué días tengo ciencias sociales y no tengo francés?

> Hola, yo soy Julia. ¿Sabes en qué asignaturas estudio estos temas: el clima de España, la prehistoria, la vida de la Tierra, el presente del verbo *to have*, poemas de escritores españoles, atletismo, el presente del verbo *parler*? Y tú, ¿qué clases tienes los martes y jueves?

> Soy Javier. No me gustan las matemáticas, ni la música ni la tecnología. ¿Qué asignaturas me gustan? ¿Cuánto dura el recreo? Y en tu instituto, ¿cuánto dura el recreo?

**2.** Observa.

### EXPRESAR LA OPINIÓN

| | | |
|---|---|---|
| • La historia es (muy) | interesante. divertida. fácil. útil. | → Estoy de acuerdo. → No estoy de acuerdo. |
| • Es mi asignatura preferida. | | |
| • La geografía | • es (muy) difícil. aburrida. • no es interesante. fácil. | |

**3.** **a. Escribe en tu cuaderno una frase para cada asignatura según el modelo.**

*Las matemáticas son muy interesantes.*

**b. Ahora compara tus gustos con los de tu compañero.**

Sí, estoy de acuerdo.

Las matemáticas son muy interesantes.

No estoy de acuerdo. Son difíciles.

**4.** **Encuesta: ¿cuáles son las asignaturas preferidas de la clase?**

# Fonética

**ACENTUACIÓN DE LAS PALABRAS AGUDAS Y LLANAS**

1. Escucha y localiza la sílaba tónica.

- reloj
- hora
- minutos
- instituto
- Carmen
- desayuno
- amigos
- profesor
- tienen
- español
- chocolate
- estas
- somos

2. En tu cuaderno, clasifica las palabras.

| Penúltima sílaba | Última sílaba |
|---|---|

Aprende la regla general:

1. Las palabras terminadas en consonante (excepto n y s) tienen el acento en la <u>última</u> <u>sílaba</u>. Se llaman palabras agudas.

2. Las palabras terminadas en vocal, en n o s tienen el acento en la <u>penúltima</u> <u>sílaba</u>. Se llaman palabras llanas.

3. De no ser así, llevan un <u>acento</u> <u>escrito</u> (tilde) en la sílaba acentuada: alemán, marroquí, lápiz, compás, fútbol, inglés, fácil.

## Cuba

Golfo de México

• La Habana
• Varadero
• Santa Clara

Océano
Atlántico

**CUBA**

Mar Caribe

La República de Cuba está situada en el mar Caribe, frente a las costas de México (a 210 km) y de Estados Unidos (a 180 km).

Está formada por la isla de Cuba, la isla de la Juventud y más de 1.600 islotes, y forma parte del archipiélago de las Grandes Antillas.
Tiene 11.217.000 habitantes.
La Habana, su capital, es puerto de mar y tiene 3.000.000 de habitantes.
El casco antiguo de la capital, La Habana Vieja, es Patrimonio de la Humanidad.
Hay muchos monumentos de la época colonial española.

El idioma oficial es el español.

En Cuba el clima es bueno y hay playas magníficas como Varadero y Santa Lucía.
A los cubanos les encanta la música y el baile, por ejemplo, la salsa. Hay cantantes de Cuba muy famosos en el mundo, como Gloria Estefan y Compay Segundo.

Estas son algunas plantas y algunos animales típicos de Cuba:

- La caña de azúcar;
- frutas tropicales como la piña, el mango o el coco;
- las plantaciones de tabaco;
- el tocororo, el flamenco y el zunzuncito (el pájaro más pequeño del mundo).

Peso.

Playa. VARADERO.

Compay Segundo.

El monumento a John Lennon.

Gloria Estefan.

Casco antiguo. LA HABANA.

Tocororo.

El Capitolio. LA HABANA.

Zunzuncito.

Plantación de azúcar.

El Castillo de los Tres Reyes Magos del Morro. LA HABANA.

**mochila**

Vista del Malecón. LA HABANA.

Muchacha con turbante.

Preparando mojitos, taberna típica.

Mercado de libros, Plaza de Armas. LA HABANA.

La Catedral. LA HABANA.

La Plaza de la Revolución. LA HABANA.

El monumento al Che. SANTA CLARA.

Mercado callejero.

El Malecón. LA HABANA.

Puros habanos.

El Palacio de la Revolución. LA HABANA.

Acarreando ganado.

## Documentos

Nicolás Guillén, poeta cubano del siglo XX.

Una poesía de Nicolás Guillén (fragmento)

*Por el Mar de las Antillas*
*anda un barco de papel:*
*anda y anda el barco barco,*
*sin timonel.*

*De La Habana a Portobelo,*
*de Jamaica a Trinidad,*
*anda y anda el barco barco*
*sin capitán.*
*[…]*

*Pasan islas, islas, islas,*
*muchas islas, siempre más;*
*anda y anda el barco barco,*
*sin descansar.*
*[…]*

# CHIC@S en la red

Los alumnos del IES Pablo Picasso de Sevilla encuestan a sus compañeros.

 **IES Pablo Picasso Sevilla**

JUNTA DE ANDALUCIA

1. ¿Qué desayunas por la mañana?
a. Desayuno chocolate y cereales.
b. Chocolate y tostadas con mantequilla.
c. Té con leche, un zumo de naranja y galletas.

2. ¿Cómo vas al instituto?
a. Voy andando.
b. Tomo el autobús.
c. Voy en coche, con mi madre.

3. ¿A qué hora llegas al instituto? ¿A qué hora empiezan las clases?
a. Llego a las ocho menos cuarto. Las clases empiezan a las ocho.
b. Llego a las ocho menos cinco. Las clases empiezan a las ocho.
c. Llego a las ocho y veinte. Las clases empiezan a las ocho y media.

4. ¿Cuántas horas de clase tienes al día (por la mañana y por la tarde)?
a. Tengo cinco horas y media por la mañana. No tengo clase por la tarde.
b. Cuatro horas por la mañana y dos horas por la tarde.
c. Tres horas por la mañana y tres horas por la tarde.

5. ¿Cuál es tu día preferido de la semana?
a. El domingo, porque no voy al instituto.
b. El jueves, porque tengo deporte.
c. El martes, porque vamos a la piscina.

6. ¿Qué te gusta en el colegio?
a. El recreo y los amigos.
b. La historia.
c. El deporte.

7. ¿Qué no te gusta?
a. Hacer exámenes y los deberes.
b. Las matemáticas y la geografía.
c. El uniforme, ¡es muy feo!

8. ¿A qué hora comes y dónde?
a. A la una y media en el comedor del colegio. ¡No me gusta!
b. A las dos, vuelvo a casa.
c. A las dos menos cuarto, en casa de mi abuela.

9. ¿Cuántos deberes tienes cada día? ¿Cuántas horas estudias?
a. ¡Muchos! Una hora.
b. Tres o cuatro. Una hora y media.
c. Cuatro. Una hora y media.

10. ¿Ves la tele antes de acostarte?
a. Sí, un poco.
b. No. No me gusta ver la tele. Escucho música.
c. Sólo los fines de semana.

11. ¿A qué hora te acuestas?
a. Me acuesto a las nueve y media.
b. A las diez.
c. A las diez o a las diez y media.

En grupos de cuatro.
• Primero, contesta a cada pregunta.
• Presenta tus respuestas a tu grupo y anota las respuestas más frecuentes.
• Elige a un voluntario para presentar los resultados a la clase.
• Toda la clase compara las respuestas.

# FICHA RESUMEN

## COMUNICACIÓN

- Preguntar y decir la hora
*¿Qué hora es?*
*Son las tres y media.*
- Indicar horarios
*Todos los días me levanto a las ocho.*
- Presentar las actividades cotidianas
*Por la mañana / por la tarde / por la noche / me levanto, me ducho, desayuno...*
- Hablar de las asignaturas
*Los miércoles tengo inglés a las dos.*

- Expresar gustos
*Me gusta la tecnología.*
*No me gustan las matemáticas.*
- Indicar acuerdo y desacuerdo
*Me gusta el deporte. / A mí también.*
*No me gustan las ciencias naturales. / A mí sí.*
- Dar la opinión sobre las asignaturas
*La historia es muy interesante.*

## GRAMÁTICA

- La negación
*No tengo francés los martes.*
- Pronombres que acompañan al verbo *gustar*
*Me, te, le, nos, os, les.*
- Presente de indicativo
Verbos con pronombre: *levantarse, peinarse, ducharse...*
Verbos con alteraciones vocálicas: *e >ie (empezar), o > ue (volver), u > ue (jugar), e > i (vestirse)...*
Verbos irregulares: *ir, salir, decir.*
- El verbo *gustar*
*Me gusta(n), te gusta(n), le gusta(n)...*
- *Ser* + adjetivo
*Es interesante.*
*Es fácil.*
- El adverbio *muy.*
*Las matemáticas son muy fáciles.*

## VOCABULARIO

- Actividades cotidianas
*Levantarse, desayunar, ir al instituto...*
- Las asignaturas
*Las matemáticas, el inglés, la educación física...*

# 4 Unidad

# Mi familia

1. **a. Escucha a Armando y localiza a cada persona en el árbol genealógico.**

Ah, y tengo un gato, se llama Algodón.

**1.** Amelia
García López

**2.** Víctor
Sánchez Martín

**3.** Paula
Matos Gil

**4.** Fernando
Sánchez García

**5.** Federico
Ramos Huertas

**6.** Eva
Sánchez García

**7.** Luciano
Sánchez Matos

**8.** Elena
Sánchez Matos

**9.** Armando
Ramos Sánchez

**10.** Teresa
Ramos Sánchez

**MUNDO HISPANO:** Nombre + apellido del padre + apellido de la madre.
*¿Y en tu país?*

## b. ¿Verdadero o falso?

- Amelia es la madre de Eva.
- Paula es la hermana de Teresa.
- Luciano es el hijo de Federico.
- Armando es el nieto de Víctor.
- Eva es la madre de Elena.
- Armando es el nieto de Amelia.
- Víctor es el abuelo de *Algodón*.
- Eva es la hermana de Fernando.
- Armando es el primo de Elena.
- Fernando es el marido de Paula.
- Amelia es la mujer de Federico.

### LA FAMILIA

|  | El | La |
|---|---|---|
| Los abuelos | abuelo | abuela |
| Los padres | padre | madre |
| Los hijos | hijo | hija |
| Los hermanos | hermano | hermana |
| Los tíos | tío | tía |
| Los sobrinos | sobrino | sobrina |
| Los primos | primo | prima |
| Los nietos | nieto | nieta |

El marido y la mujer

En América Latina se utiliza "los papás" en lugar de "los padres".

## 2. Observa. LOS ADJETIVOS POSESIVOS.

|  | MASCULINO | | FEMENINO | |
|---|---|---|---|---|
|  | *Singular* | *Plural* | *Singular* | *Plural* |
| (Yo) | mi abuelo | mis abuelos | mi abuela | mis abuelas |
| (Tú/vos) | tu hermano | tus hermanos | tu hermana | tus hermanas |
| (Usted/él/ella) | su sobrino | sus sobrinos | su sobrina | sus sobrinas |
| (Nosotros/as) | nuestro primo | nuestros primos | nuestra prima | nuestras primas |
| (Vosotros/as) | vuestro hermano | vuestros hermanos | vuestra hermana | vuestras hermanas |
| (Ustedes/ellos/ellas) | su tío | sus tíos | su tía | sus tías |

## 3. Escucha a Armando y contesta a sus preguntas.

## 4. Elige el adjetivo posesivo correcto.

| (Yo) | ... hermano. | (Eva y Carlos) | ... madre. |
|---|---|---|---|
| (Tú) | ... tíos. | (Ustedes) | ... hijos. |
| (Mi hermano y yo) | ... abuelos. | (Pablo) | ... tía. |
| (Tú y tu hermana) | ... tío. | (Vosotros) | ... padres. |
| (Tú) | ... prima. | (Fernando) | ... sobrina. |

## 5. Dibuja el árbol genealógico de tu familia e indica el nombre de cada persona. Luego, presenta tu familia a tus compañeros.

**1.** Habla con tu compañero.

¿Quién es para ti el hijo de tu tía?

Mi primo.

¿Y las hijas de tu tío?
¿Y los hermanos de tu madre?
..................

---

## LOS NÚMEROS

| | |
|---|---|
| 30 | treinta |
| 40 | cuarenta |
| 50 | cincuenta |
| 60 | sesenta |
| 70 | setenta |
| 80 | ochenta |
| 90 | noventa |
| 100 | cien |

Entre las **decenas** y las **unidades** se usa **y**.

| | |
|---|---|
| 31 | treinta **y** uno |
| 45 | cuarenta **y** cinco |
| 67 | sesenta **y** siete |

**uno** > **un** delante de un nombre **masculino**.    31 Treinta y **un** chicos.

**uno** > **una** delante de un nombre **femenino**.    31 Treinta y **una** chicas.

---

**2.** **a. Escucha a Armando y escribe la edad de cada persona en tu cuaderno.**

La abuela: setenta y cinco años.

**b. Habla con tu compañero.**

Tiene 77 años.

Es su abuelo.

**3.** ¡A jugar!

- Cuenta de tres en tres: *tres, seis, nueve...*
- Cuenta de cuatro en cuatro y hacia atrás: *cien, noventa y seis, noventa y dos...*
- Di estos números al derecho y al revés.    *14 (catorce)* ⟶ *41 (cuarenta y uno)*

**4.** Alicia escribe a una amiga, pero su carta tiene manchas. Añade las palabras que faltan.

hermanos    años
deberes    salimos
hermano    nuestra
instituto    perro
música    abuelos
gatos    deporte
madre    mañana
levanto    día
gustan    mujer
hija    volvemos

Querida Julia:

En casa somos tres _____, David tiene 10 años, Aída 14 _____ y yo 13. Mis padres se llaman Pedro y Concha. A David le _____ los videojuegos y ver la tele.

Me llevo muy bien con mi hermana, porque tenemos casi los mismos gustos: la _____ y el _____. Estudiamos en el mismo _____. Los sábados por la _____ hacemos los _____ y, por la tarde, salimos con _____ pandilla. El domingo es mi _____ preferido, porque me _____ tarde, y luego vamos a casa de mis _____ (los padres de mi _____). Se llaman Susana y Diego. Mi abuelo tiene 72 años y mi abuela 68. Viven en un pequeño pueblo de la provincia de Sevilla. Vamos en coche, _____ sobre las 12 y _____ después de cenar. También va mi prima María, la _____ de mis tíos Adrián, el _____ de mi madre, y mi tía Matilde, su _____. Mi prima tiene mi edad. A mis abuelos les gustan los animales: tienen un _____ y tres _____.

Un beso.

Alicia

**5.** Relaciona.

1. Alicia tiene
2. A Alicia y a Aída les gusta
3. Los sábados por la tarde Alicia
4. Los domingos va
5. María es la prima de
6. Aída es la sobrina de
7. David es el nieto de
8. Pedro es el tío de

a. sale con sus amigos.
b. Susana y Diego.
c. un hermano y una hermana.
d. Alicia, Aída y David.
e. Adrián y Matilde.
f. la música.
g. a casa de sus abuelos.
h. María.

# 4 Unidad

# ¿Cómo son?

**1.** Escucha y lee las descripciones. Relaciona cada persona con su descripción.

a    b    c    d

Es delgada.
Tiene el pelo largo y ondulado.
Es morena.

Es morena.
Tiene el pelo largo y liso.
Tiene los ojos azules.

DESCRIBIR A UNA PERSONA

Es alto, bajo.          Es alta, baja.
Es gordo, delgado.      Es gorda, delgada.
Es rubio, moreno.       Es rubia, morena.
Es calvo.

Tiene el pelo    corto, largo.
                 liso, ondulado, rizado.

Tiene los ojos   verdes, azules, negros, marrones.

Lleva            gafas, barba, bigote.

Es rubio.
Tiene el pelo corto y rizado.
Lleva bigote.
Es alto y delgado.

Es alto y gordo.
Es moreno.
Tiene el pelo corto y liso.
Lleva barba.
Lleva gafas y tiene los ojos azules.

**2.** **Describe a estas personas.**

• *Rubén es alto...*

|  | Rubén | Celia | Arturo | Gabriela |
|---|---|---|---|---|
| alto/a | X |  | X |  |
| bajo/a |  | X |  | X |
| delgado/a | X | X |  |  |
| gordo/a |  |  | X | X |
| bigote | X |  |  |  |
| barba | X |  | X |  |
| gafas |  | X | X |  |
| rubio/a | X |  |  | X |
| moreno/a |  | X | X |  |
| pelo corto | X |  | X |  |
| pelo largo |  | X |  | X |
| pelo rizado | X | X |  |  |
| pelo liso |  |  | X | X |
| ojos negros | X |  |  |  |
| ojos verdes |  |  |  | X |
| ojos marrones |  | X |  |  |
| ojos azules |  |  | X |  |

**3.** **Piensa en un personaje famoso.**

¿Es un hombre?

Sí.

¿Es un actor?

No.

¿Es un deportista?

..............

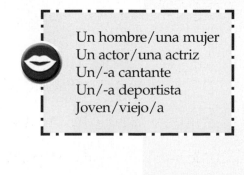

Un hombre/una mujer
Un actor/una actriz
Un/-a cantante
Un/-a deportista
Joven/viejo/a

**1.** Año 2423, tres astronautas españoles llegan al planeta Venus. Lee la conversación.

**Astronauta:** ¡Tierra! ¡Es increíble!
**La Tierra:** ¿Qué pasa?
**Astronauta:** ¡Veo a un alienígena!
**La Tierra:** ¡Un alienígena! ¡Increíble! ¿Cómo es?
**Astronauta:** Pues... ¡Increíble!
**La Tierra:** ¿Cómo es? ¿Cómo es?
**Astronauta:** Pues... Es alto... muy alto, dos metros cincuenta, mide dos metros cincuenta y es muy delgado. Y no tiene pelo... Es calvo. ¡Increíble! Tiene la cabeza redonda y tiene tres ojos, muy grandes.
**La Tierra:** ¿De qué color?
**Astronauta:** Pues... naranja. Y tiene una oreja verde, muy muy grande, ¡enorme! Tiene la boca violeta, ¡increíble!
Y cuatro brazos, ¡tiene cuatro brazos muy cortos y cuatro manos muy pequeñas y rojas!
**La Tierra:** ¡Increíble! ¡Increíble! ¿Y las piernas?
**Astronauta:** Pues... Pues... no tiene dos, como nosotros, tiene una, y es muy larga y verde, y acaba en dos pies grises. ¡Increíble!

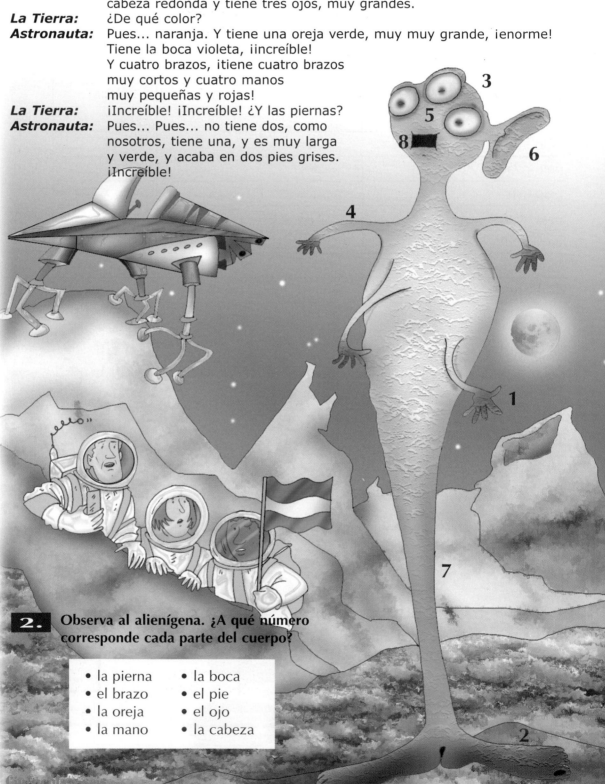

**2.** Observa al alienígena. ¿A qué número corresponde cada parte del cuerpo?

- la pierna
- el brazo
- la oreja
- la mano
- la boca
- el pie
- el ojo
- la cabeza

**3.** ¿Cómo es cada parte del cuerpo? Relaciona e indica el (los) adjetivo(s) en la forma correcta.

la boca •        • violeta
los brazos •     • naranja
la cabeza •      • verde
las manos •      • corto
los ojos •       • gris
la oreja •       • redondo
los pies •       • enorme
la pierna •      • pequeño
                 • grande
                 • rojo
                 • largo

**4.** Estos son otros habitantes del planeta Venus. Se juega por turnos.

| **A** | **B** |
|---|---|
| Describe uno a tu compañero. | Escucha a tu compañero e indica al alienígena. |

d

b

c

# Fonética

## ACENTUACIÓN DE LAS PALABRAS ESDRÚJULAS

1. Escucha y observa.

- América
- número
- México
- tarde

- miércoles
- bolígrafos
- nieto
- abuela

- delgado
- deportista
- color
- matemáticas

- sílaba
- último
- gramática
- teléfono

2. En tu cuaderno, clasifica las palabras.

Antepenúltima sílaba          Penúltima sílaba          Última sílaba

Aprende la regla general:

Las palabras con el acento en la antepenúltima sílaba llevan siempre un acento escrito (tilde). Se llaman esdrújulas.

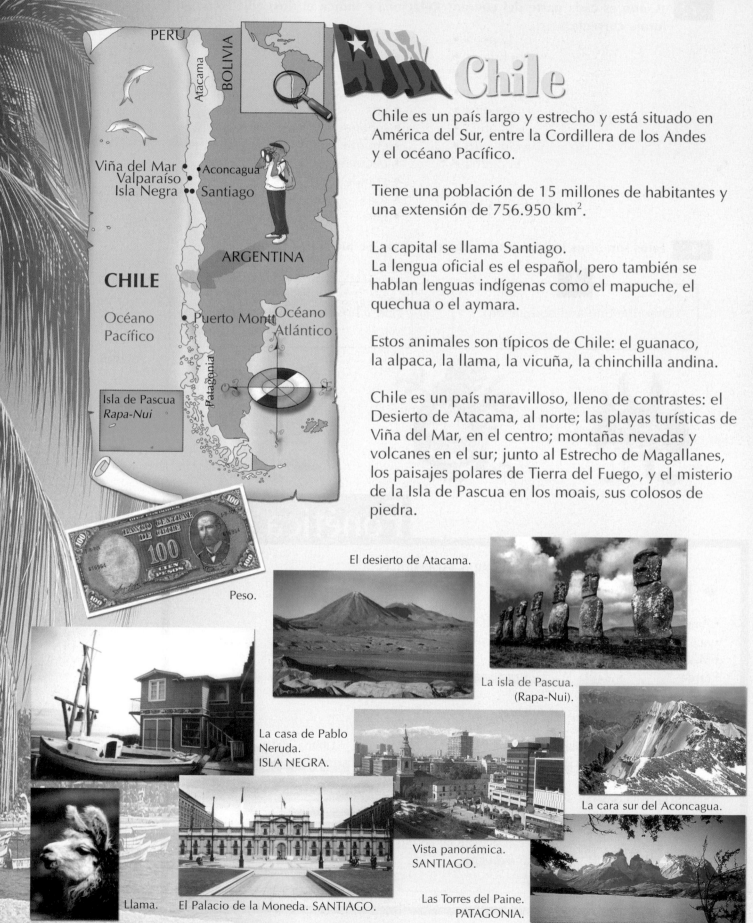

## Chile

PERÚ
BOLIVIA
Atacama
Viña del Mar
Valparaíso • Aconcagua
Isla Negra • Santiago
ARGENTINA
**CHILE**
Océano
Pacífico • Puerto Montt
Océano
Atlántico
Patagonia
Isla de Pascua
*Rapa-Nui*

Chile es un país largo y estrecho y está situado en América del Sur, entre la Cordillera de los Andes y el océano Pacífico.

Tiene una población de 15 millones de habitantes y una extensión de 756.950 km$^2$.

La capital se llama Santiago.
La lengua oficial es el español, pero también se hablan lenguas indígenas como el mapuche, el quechua o el aymara.

Estos animales son típicos de Chile: el guanaco, la alpaca, la llama, la vicuña, la chinchilla andina.

Chile es un país maravilloso, lleno de contrastes: el Desierto de Atacama, al norte; las playas turísticas de Viña del Mar, en el centro; montañas nevadas y volcanes en el sur; junto al Estrecho de Magallanes, los paisajes polares de Tierra del Fuego, y el misterio de la Isla de Pascua en los moais, sus colosos de piedra.

Peso.

El desierto de Atacama.

La isla de Pascua.
(Rapa-Nui).

La casa de Pablo Neruda.
ISLA NEGRA.

La cara sur del Aconcagua.

Vista panorámica.
SANTIAGO.

Llama.   El Palacio de la Moneda. SANTIAGO.

Las Torres del Paine.
PATAGONIA.

**mochila**

El Museo Bellas Artes. VALPARAÍSO.

Las Torres del Paine. PATAGONIA.

VIÑA DEL MAR.

El desierto de Atacama.

La isla de Pascua. (Rapa-Nui).

Vista de Santiago desde el cerro San Cristóbal.

El estuario Reloncaví. PUERTO MONTT.

Glaciares Laguna de San Rafael. PATAGONIA.

Vista de SANTIAGO.

Grupo de guanacos.

VIÑA DEL MAR.

Los Andes.

## Documentos

Dos poetas chilenos del siglo XX: Gabriela Mistral, Premio Nobel de Literatura en 1945, y Pablo Neruda, Premio Nobel de Literatura en 1971.

**Gabriela Mistral.** Escribió muchos poemas sobre los niños. Este es un fragmento de uno de ellos.

*El Ángel Guardián*

*Es verdad, no es un cuento;*
*hay un Ángel Guardián*
*que te toma y te lleva como el viento*
*y con los niños va por donde van.*

*Oda a la Papa*

*PAPA,*
*te llamas papa*
*y no patata,*
*no naciste castellana:*
*eres oscura*
*como*
*nuestra piel,*
*somos americanos,*
*papa,*
*somos indios.*

**Pablo Neruda.** Escribió una colección de poemas sobre cosas muy sencillas, como la cebolla, el vino, el tomate y la "papa"o pata-ta. La patata o papa viene de América.

# CHIC@S en la red

La página *web* de Eva y su mascota.

**Google**

Dirección: http://www.

Página inicial de actualidad | Apple | iTools | Soporte de Apple | Apple Store | Productos para Mac | Microsoft Office

**Las diferentes razas de perros**

**¿Cuántos años vive un perro?**

**¿Qué come el perro?**

**El cuidado del perro**

**Perros famosos**

Me llamo Eva y me gustan mucho los animales.
Mi mascota preferida es el perro.
Tengo uno: se llama Bingo, es un cachorro y tiene cinco meses.
Es muy cariñoso y juguetón.
Le gusta mucho correr.

Tengo un libro de poesías sobre animales.
Mi poesía preferida se llama La ardilla y es del poeta mexicano Amado Nervo.

La ardilla corre.
La ardilla vuela.
La ardilla salta
como locuela.
Mamá, ¿la ardilla
no va a la escuela?

Ven, ardillita,
tengo una jaula
que es muy bonita.
No; yo prefiero
mi tronco de árbol
y mi agujero.

Busca más poesías sobre animales de estos autores:
Rafael Alberti
María Elena Walsh

1. ¿Cuántas secciones tiene esta *web*?
2. Describe el mensaje de Eva.
3. ¿Te gustan los animales?
4. ¿Tienes una mascota? ¿Cómo se llama? ¿Cuántos años tiene?
5. a. Lee la poesía. b. ¿Por qué no te la aprendes de memoria?

6. Confecciona tu página y mándala a chicos-chicas@ edelsa.es

# FICHA RESUMEN

## COMUNICACIÓN

- Presentar a su familia

*Es mi padre, son mis abuelos...*
*Mi hermano tiene 15 años...*

- Contar hasta cien

- Describir el aspecto físico de una persona

*Es alto, bajo, rubio...*
*Tiene los ojos verdes, azules...*
*Lleva gafas, bigote...*

## GRAMÁTICA

- Adjetivos posesivos

mi, tu, su, nuestro/a, vuestro/a, su, mis, tus, sus, nuestros/as, vuestros/as, sus.
- Adjetivo calificativo: género y número

Tiene *el* pelo larg*o*, moren*o*, *los* ojo*s* verde*s* y es alt*a*...

## VOCABULARIO

- La familia

*Los abuelos (el abuelo/la abuela), los padres (el padre/la madre),*
*los hermanos (el hermano/la hermana)...*
- Adjetivos para describir físicamente a una persona

*Alto/a, gordo/a, delgado/a...*
- Las partes del cuerpo

*El pelo, la cabeza, la cara, la nariz, los ojos, la boca...*
- Algunas mascotas

*El perro, el gato...*
- Los números hasta 100

*Treinta y dos, treinta y tres, cuarenta...*

# Hemos ido al Parque Safari

**1.** Escucha y lee.

**Armando:** ¿Qué tal la visita al Parque Safari?
**Miguel:** ¡Genial! Hemos llegado a las diez y media. Primero hemos visto elefantes, jirafas, leones y muchos animales de África.
**Armando:** ¿Has sacado fotos?
**Miguel:** Sí, muchas. También he comprado un libro sobre la vida de los leones.
**Armando:** Y después ¿qué habéis hecho?
**Miguel:** Hemos visitado el acuario para ver los tiburones. ¡Bastante impresionante! Luego hemos comido en la cafetería.
**Armando:** ¿Y por la tarde?
**Miguel:** Hemos ido al espectáculo de los delfines. Al principio han salido del agua y nos han saludado. Me ha gustado mucho.
**Armando:** ¡Qué suerte! La próxima vez, voy con vosotros.

**2.** Escucha de nuevo a Miguel; luego, tapa el texto y ordena las actividades cronológicamente.

- ☐ Ha visitado el acuario de los tiburones.
- ☐ Ha comprado un libro sobre los leones.
- ☐ Ha ido al espectáculo de los delfines.
- ☐ Ha visto animales de África.
- ☐ Ha comido en la cafetería del Parque.

**3.** Observa. Para contar su visita al Parque Safari, Miguel usa el Pretérito Perfecto.

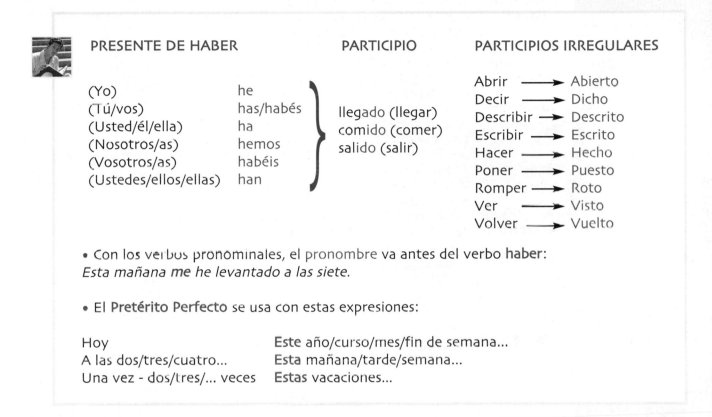

PRESENTE DE HABER

| (Yo) | he |
|---|---|
| (Tú/vos) | has/habés |
| (Usted/él/ella) | ha |
| (Nosotros/as) | hemos |
| (Vosotros/as) | habéis |
| (Ustedes/ellos/ellas) | han |

PARTICIPIO

llegado (llegar)
comido (comer)
salido (salir)

PARTICIPIOS IRREGULARES

| Abrir | → | Abierto |
|---|---|---|
| Decir | → | Dicho |
| Describir | → | Descrito |
| Escribir | → | Escrito |
| Hacer | → | Hecho |
| Poner | → | Puesto |
| Romper | → | Roto |
| Ver | → | Visto |
| Volver | → | Vuelto |

- Con los verbos pronominales, el pronombre va antes del verbo **haber**:
*Esta mañana **me** he levantado a las siete.*

- El **Pretérito Perfecto** se usa con estas expresiones:

| Hoy | **Este** año/curso/mes/fin de semana... |
|---|---|
| A las dos/tres/cuatro... | **Esta** mañana/tarde/semana... |
| Una vez - dos/tres/... veces | **Estas** vacaciones... |

**4.** Cuenta tu fin de semana a tu compañero. Indica cuatro actividades: dos verdaderas y dos falsas. Tu compañero debe adivinar si es verdad o no es verdad.

He ido a una fiesta.

Es verdad.

He visto a Enrique Iglesias en el supermercado.

No es verdad.

**5.** Escribe una carta a un amigo. Cuenta tu fin de semana.

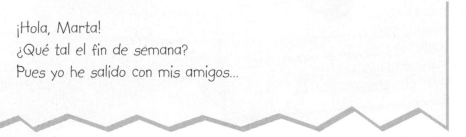

¡Hola, Marta!
¿Qué tal el fin de semana?
Pues yo he salido con mis amigos...

**1.** Lee el cartel y contesta a estas preguntas.

¿Cómo se llama el concurso?
¿Cuál es el tema?
¿Cuántos animales debes presentar?
¿Cuáles son las condiciones para participar?

# Gran Concurso NATURALEZA XXI

## ¿Tienes entre 11 y 13 años?

Con tu profesor de ciencias escribe un texto sobre tres animales en vías de extinción de tu país y gana un viaje al Parque Safari para tu clase.

**BASES:**
- Edad comprendida entre 11 y 13 años.
- Plazo de presentación: junio 2005.
- Texto de una página por animal.
- Trabajo de toda la clase firmado por el profesor.

**2.** Miguel habla del concurso con dos compañeros. Escucha la conversación y relaciona.

Miguel ha leído el anuncio • • el concurso.
Ha encontrado información • • en Internet.
Ha hablado con • • su profesor de C. Naturales.
Al profesor le ha gustado • • en una revista.

**3.** Miguel y sus compañeros se han repartido el trabajo. ¿Qué ha hecho ya y qué no ha hecho todavía cada grupo?

- *El grupo 1 ya ha ido a la biblioteca.*
- *Todavía no ha hecho la ficha sobre cada animal.*

- **Todavía no** *ha hecho la ficha sobre cada animal.*
- **Ya** *ha ido a la biblioteca.*

**Grupo 1**
Ir a la biblioteca.
Leer artículos de revistas. ✓
Copiar la información. ✓
Hacer una ficha sobre cada animal.

**Grupo 2**
Buscar páginas en Internet. ✓
Visitar las páginas.
Resumir los textos.

**Grupo 3**
Hablar con el profesor de ciencias. ✓
Comprar revistas sobre animales. ✓
Recortar fotos.

**Toda la clase.**
Resumir toda la información.
Escribir el texto en el ordenador.
Escanear las fotos.
Enviar el trabajo.

**4.** **¡Han ganado el concurso!**
a. Miguel llama por teléfono a sus padres, pero no se oye bien.
Reconstruye la conversación.

| | |
|---|---|
| **Padre:** | ¿Sí, dígame? |
| **Miguel:** | Hola, papá, soy Miguel. |
| **Padre:** | Srsrsresrsrsresrsrsresresrsr |
| **Miguel:** | Esta mañana nos hemos levantado muy pronto. El guía ha llegado a las nueve, nos ha contado la historia del Parque y nos ha hablado de los animales. Luego, hemos ido a la playa. |
| **Padre:** | Srsrsresrsrsresrsrsresresrsr |
| **Miguel:** | Sí. |
| **Padre:** | Srsrsresrsrsresrsrsresresrsr |
| **Miguel:** | Hemos visto monos, rinocerontes... |
| **Padre:** | Srsrsresrsrsresrsrsresresrsr |
| **Miguel:** | Sí, muchas. |
| **Madre:** | Srsrsresrsrsresrsrsresresrsr |
| **Miguel:** | En la playa, un bocadillo. |
| **Madre:** | Srsrsresrsrsresrsrsresresrsr |
| **Miguel:** | Sí, mucho. Bueno, mañana llamo. Un beso a los dos. |

¿Y os habéis bañado?
¿Has sacado muchas fotos?
¿Te ha gustado el Parque?
¡Miguel! Bueno, cuenta, ¿qué tal tu visita?
¿Y qué has visto?
¿Dónde habéis comido?

b. **Escucha y verifica.**

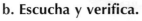

**1.** Escoge la respuesta correcta. Luego, escucha y comprueba.

| | | |
|---|---|---|
| • El gorila mide... | 1,68 metros. | 2,37 metros. |
| • El león corre... | 74 km/h. | 58 km/h. |
| • El delfín nada a... | 50 km/h. | 37 km/h. |
| • El hipopótamo vive... | 45 años. | 52 años. |
| • El cocodrilo tiene... | 65 dientes. | 94 dientes. |
| • Al día, el hipopótamo come... | 35 kg de hierba. | 55 kg de hierba. |

**2.** ¿Te gusta la naturaleza?
¿Has ido alguna vez a una granja?

**3.** María escribe una carta a su amiga Sara y le cuenta su visita a la granja Los caballos.

- ¿Cómo se llama la granja?
- ¿Dónde está?
- ¿Cómo han viajado?
- ¿Cuánto ha durado el viaje?
- ¿Qué han visto?
- Escribe en tu cuaderno las actividades que ha hecho María.

*Ha hecho una excursión...*

Querida Sara:

¡Hoy es lunes y no hemos tenido clase! Hemos hecho una excursión, hemos visitado una granja con nuestro profesor de Ciencias de la Naturaleza. Se llama Los caballos y está cerca, a cuarenta y ocho kilómetros de nuestro colegio, al lado de un pequeño pueblo.
Hemos ido en autobús y hemos cantado durante todo el viaje. Hemos salido a las ocho y media y hemos llegado a las diez menos veinticinco.
Primero hemos ido al establo. Está detrás de la granja. Hemos visto vacas y hemos bebido leche, ¡qué rica! Luego hemos hecho pan, ¡es superfácil! A las doce, hemos dado de comer a los conejos y a los pollos. Hemos comido a la una y media.
Por la tarde, hemos visitado el pueblo. Hemos ido andando porque está muy cerca de la granja, a dos kilómetros. Luego hemos vuelto a la granja para ver los caballos. He sacado muchas fotos.

Un beso,                    María

**4.** Observa la ilustración y di dónde están...
El perro, el conejo...

# Fonética

PALABRAS AGUDAS, LLANAS Y ESDRÚJULAS.

1. Escribe en tu cuaderno las tildes necesarias.

| Palabras agudas | Palabras llanas | Palabras esdrújulas |
|---|---|---|
| ▄ ▄ ▄ | ▄ ▄ ▄ | ▄ ▄ ▄ |
| azul | bigote | proxima |
| autobus | mochilas | espectaculo |
| animal | facil | hipopotamo |
| tiburon | febrero | rapido |
| Jose | chicos | pelicula |
| unidad | Gomez | numero |
| visitar | util | hispanico |
| mama | desayunan | Atlantico |

# Perú

COLOMBIA

ECUADOR

Iquitos

Río Amazonas

**PERÚ**

BRASIL

Océano
Pacífico

Lima

Nazca · Cuzco

BOLIVIA

Titicaca
Puno

Arequipa

CHILE

BANCO CENTRAL DE RESERVA DEL PERÚ

MIL SOLES
DE ORO

1000

Sol.

Perú tiene una superficie de 1.285.216 kilómetros cuadrados, 26 millones de habitantes, y su capital es Lima.

Está situado en la costa del Pacífico y es el tercer país más grande de América del Sur, después de Brasil y Argentina.

Tiene frontera con cinco países: Ecuador, Colombia, Brasil, Bolivia y Chile.

En Perú hay tres paisajes muy diferentes:
- La costa del océano Pacífico, con grandes playas.
- La Cordillera de los Andes.
- La selva amazónica.

Las lenguas oficiales son el español y el quechua, pero también se habla el aymara.

Perú tiene lugares maravillosos, llenos de historia y de magia:

Titicaca, el lago navegable más alto del mundo. Sus aguas pertenecen a Perú y a Bolivia. Hay muchas leyendas incas sobre el Titicaca.

Nazca, al sur de Lima, tiene unos misteriosos dibujos en la tierra a lo largo de 500 km$^2$.

Cuzco y el Machu-Picchu: Cuzco, capital del Imperio Inca.
Cerca de Cuzco está Machu-Picchu, ciudad sagrada de los incas. Es Patrimonio Cultural de la Humanidad.

Traje típico.

Los Andes peruanos.

Cóndor.

Indígenas del Amazonas.

El lago Titicaca.

El Machu-Picchu.

PUNO.

La estatua de Pizarro.

mochila

El Machu-Picchu.

La Catedral. CUZCO.

La Selva. IQUITOS.

El lago Titicaca.

El Parque de la cultura. LIMA.

AREQUIPA.

Las líneas de Nazca.

Las líneas de Nazca.

La Catedral. LIMA.

Totora.
Lago
Titicaca.

La Plaza de los Sacrificios.

La Roca del cóndor.

El monumento a Ricardo Palma.

El Valle sagrado de los Incas.

Las líneas de Nazca.

## Documentos    Mitología inca (Perú)

**- Las divinidades más importantes:**

**• VIRACOCHA** (Señor, maestro del mundo)
Viene de las aguas del lago Titicaca. Crea el cielo, la tierra y la primera generación de gigantes que viven en la oscuridad.

**• INTI** (El Sol)
Divinidad popular y muy importante. Recibe ofrendas de oro y ganado. Se le sacrifican también mujeres jóvenes: Las Vírgenes del Sol.

**• MAMA QUILLA** (Madre Luna)
Esposa de Inti. Divinidad del cielo.

**• PACHA MAMA** (Madre Tierra)
Da fertilidad a los campos.

**- Otras divinidades:**

**• MAMA SARA** (Madre del maíz)
**• MAMA COCHA** (Madre del mar)

**Extracto de oración a Viracocha**
Los padre incas piden protección al dios para su hijo.

"Hacedor del mundo,
luminoso Señor,
raíz de vida, Viracocha,
dios siempre cercano,
dios de la existencia
y de la muerte.
......

Que vivan libres y en paz
la ciudad y el mundo.
Preserva a este niño,
a tu criatura,
durante muchos días,
hasta que pueda perfeccionarse."

# CHIC@S en la red

## La página *web* de cuatro jóvenes ecologistas de Burgos.

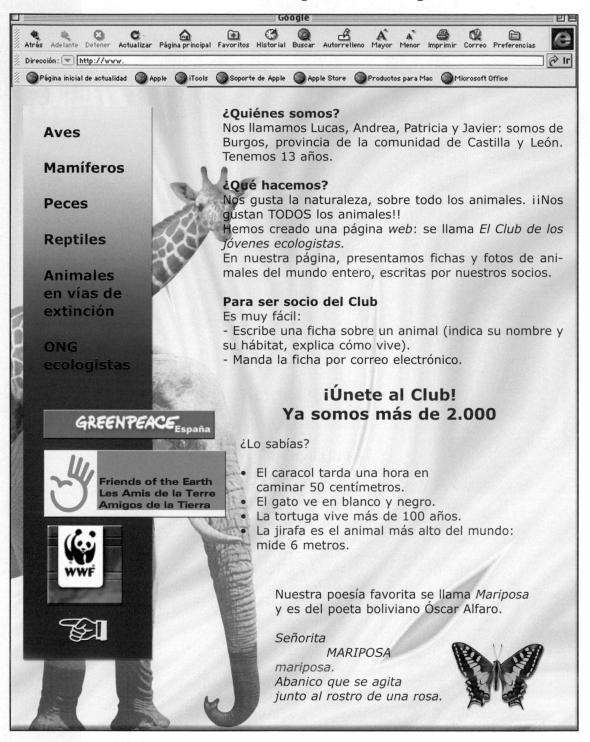

**Aves**

**Mamíferos**

**Peces**

**Reptiles**

**Animales en vías de extinción**

**ONG ecologistas**

GREENPEACE España

Friends of the Earth
Les Amis de la Terre
Amigos de la Tierra

WWF

### ¿Quiénes somos?
Nos llamamos Lucas, Andrea, Patricia y Javier: somos de Burgos, provincia de la comunidad de Castilla y León. Tenemos 13 años.

### ¿Qué hacemos?
Nos gusta la naturaleza, sobre todo los animales. ¡¡Nos gustan TODOS los animales!!
Hemos creado una página *web*: se llama *El Club de los jóvenes ecologistas*.
En nuestra página, presentamos fichas y fotos de animales del mundo entero, escritas por nuestros socios.

### Para ser socio del Club
Es muy fácil:
- Escribe una ficha sobre un animal (indica su nombre y su hábitat, explica cómo vive).
- Manda la ficha por correo electrónico.

## ¡Únete al Club!
## Ya somos más de 2.000

¿Lo sabías?

- El caracol tarda una hora en caminar 50 centímetros.
- El gato ve en blanco y negro.
- La tortuga vive más de 100 años.
- La jirafa es el animal más alto del mundo: mide 6 metros.

Nuestra poesía favorita se llama *Mariposa* y es del poeta boliviano Óscar Alfaro.

*Señorita*
   *MARIPOSA*
*mariposa.*
*Abanico que se agita*
*junto al rostro de una rosa.*

**1. Investiga y hazte socio del club (usa Internet, una enciclopedia, el diccionario, tus libros de texto...).**

**A.** Elige un animal y completa la ficha.
- Nombre
- ¿Cuánto pesa?
- ¿Cuántos años vive?
- ¿Cuánto mide?
- ¿Dónde vive? (país o continente)
- ¿Qué come?

**B.** Escribe el nombre de dos animales en vías de extinción.

**2. ¿Qué organizaciones ecologistas se mencionan? ¿Las conoces?**

# FICHA RESUMEN

## COMUNICACIÓN

- Contar actividades pasadas

*He ido al zoo, hemos comido en una cafetería...*
- Expresarse con cortesía

*Perdón, por favor.*
- Preguntar el camino

*¿Dónde está/están...?*
- Dar instrucciones

*Sigues recto, luego giras a la derecha, después la primera a la izquierda y cruzas el río...*
- Situar en el espacio

*El mono está delante (de), detrás (de), debajo (de), encima (de), entre, enfrente (de), lejos (de), cerca (de), al lado (de)...*

## GRAMÁTICA

- El pretérito perfecto

Presente del verbo *haber* + participio: *Miguel ha visitado el Parque.*
- Expresiones temporales con Pretérito Perfecto

*Hoy, esta mañana, esta tarde...*
- Participios regulares: *-ar > -ado ; -er/-ir >-ido*
- Participios irregulares

*Abrir> abierto, decir> dicho, escribir> escrito, hacer> hecho, poner>puesto, romper > roto, ver> visto, volver>vuelto.*
- Preposiciones de lugar: *al lado de, cerca de, lejos de, enfrente de...*

## VOCABULARIO

- Actividades para buscar y procesar información

*Navegar en Internet, ir a la biblioteca, leer artículos, escanear fotos, resumir la información, hacer una ficha...*
- Animales salvajes

*Una cebra, un león, un guepardo, un lobo, un tiburón, un delfín, un mono...*

**6 Unidad**

# Carmen es simpática

simpática

gracioso

**1.** Lee.

habladora

aburrido

egoísta

tímida

trabajador

alegre

estudiosa

vago

| Generoso/a | Orgulloso/a |
|---|---|
| Ordenado/a | Reservado/a |
| Educado/a | Envidioso/a |
| Inteligente | Obediente |
| Hablador/-a | |

**2.** **a. Escucha a Carmen y Marta: hablan de Miguel y Pablo.**

**b. Di los adjetivos que faltan.**

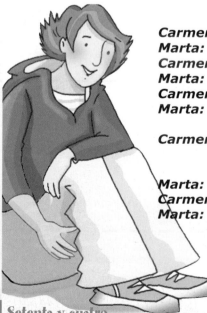

**Carmen:** Marta, ¿te gusta el nuevo?
**Marta:** ¿Pablo? Sí... es superguapo. Se parece a Brad Pitt.
**Carmen:** ¡Brad Pitt! ¡Qué dices!
**Marta:** Sí... es alto, delgado, rubio...
**Carmen:** ¡Y es ▢ !
**Marta:** No... He hablado con él esta mañana. Es muy ▢ y muy ▢ ...
**Carmen:** ¡Simpático! Pues yo también he hablado con él y no me ha gustado, no es mi tipo. Me gusta más Miguel, porque es muy ▢ y moreno.
**Marta:** ¡Gracioso! ¡Qué dices! Es bastante ▢ .
**Carmen:** Bueno... un poco, también es ▢ .
**Marta:** ¡Bah! Es tímido y aburrido.

**3.** a. **Lee. Miguel y Pablo hablan de Carmen y Marta.**

**Pablo:** Dime, Miguel, ¿te gustan las chicas de nuestra clase?
**Miguel:** Sí... Sobre todo Carmen. Me gusta su pelo y es muy simpática. He hablado esta mañana con ella y es muy agradable.
**Pablo:** Es bastante habladora, pero es un poco orgullosa, ¿no crees?
**Miguel:** No, no es orgullosa... es muy simpática.
**Pablo:** Pues a mí no me gusta, no es mi tipo. A mí me gusta Marta, es muy graciosa.
**Miguel:** ¡Graciosa! No... Es tímida.
**Pablo:** Bueno... es un poco reservada. Y es muy inteligente.
**Miguel:** ¡Cuidado! Ahí vienen...

**_(Llegan las chicas.)_**

**Miguel:** ¡Hola, Carmen! ¿Qué tal?
**Carmen:** ¡Hola, Miguel!

b. **Completa con los nombres de las chicas y su descripción.**

Pablo

Miguel

**4.** Observa.

## LOS ADJETIVOS

| Singular | | Plural | |
|---|---|---|---|
| **Masculino** | **Femenino** | **vocal** | **+ -s** |
| -o<br>simpático | -o > -a<br>simpática | simpático<br>tímida<br>inteligente | simpáticos<br>tímidas<br>inteligentes |
| -or<br>hablador | + -a<br>habladora | **consonante** | **+ -es** |
| -e/-a<br>inteligente | -e/-a<br>inteligente | hablador | habladores |

**5.** La familia ideal.

Describe a:
-tu hermano/ hermana ideal,
-tu amigo/a ideal,
-los padres ideales,
y los hijos ideales (para los padres).

Mi hermano ideal es...

Muy
Bastante      + adjetivo
Un poco

_Sebastián es muy simpático._

**1.** a. **Escucha y relaciona.**

1. Juan **está** cansado.

2. Andrés **está** enfermo.

3. Antonia **es** cariñosa.

4. Javier **está** contento.

5. Lucía **está** triste.

6. Marcos **está** enfadado.

7. Felipe **es** orgulloso.

8. José **es** envidioso.

9. Luis **está** enamorado.

b. **Observa.**

 SER/ESTAR

**SER:** Se utiliza para describir cualidades permanentes.
**ESTAR:** Se utiliza para describir estados físicos y anímicos no permanentes.

c. **Relaciona.**

- Estoy ⟶ • cansada.
- Estás • contentos.
- Soy • educados.
- No son • ordenados.
- Somos • tímido.
- Estamos • enamorados.
- Estáis • enfermo.
- Eres • egoísta.

**2.** Escucha a tu profesor y forma frases como en el ejemplo.

|   | 1 | 2 | 3 | 4 |
|---|---|---|---|---|
| a | reservado | contento | triste | hablador |
| b | enfadado | enamorado | simpático | ordenado |
| c | envidioso | orgulloso | inteligente | tímido |
| d | vago | cariñoso | generoso | cansado |

d/3 nosotros ⟶ *Somos generosos.*

**3.** Observa y lee.

# TU PERSONALIDAD
### Revista juvenil - Semanal

## Si tienes la cara...

triangular     redonda     cuadrada     ovalada

## Eres...

inteligente, abierto/a    afectuoso/a, romántico/a    trabajador/-a, un poco tímido/a    marchoso/a, generoso/a

## Si tienes los ojos...

marrones     verdes     azules     negros

## Eres...

cariñoso/a     sociable     hablador/-a     apasionado/a

**4.** a. Observa a tu compañero/a. ¿Cómo es? Escribe en tu cuaderno los adjetivos.

b. Ahora, lee las conclusiones de tu compañero/a sobre tu personalidad, ¿estás de acuerdo?

# ¿Qué estás haciendo?

 **1.** Es martes, son las cuatro de la tarde. Carmen está en su casa con Armando y Miguel. Suena el teléfono. Es Pablo. Escucha la conversación y localiza a cada amigo.

| | ESTAR | | | Gerundios irregulares |
|---|---|---|---|---|
| (Yo) | estoy | | | |
| (Tú/vos) | estás | *escuchar* | escuchando | • *leer* → leyendo |
| (Usted/él/ella) | está | *hacer* | haciendo | • *dormir* → durmiendo |
| (Nosotros/as) | estamos | *escribir* | escribiendo | • *vestir* → vistiendo |
| (Vosotros/as) | estáis | | | • *decir* → diciendo |
| (Ustedes/ellos/ellas) | están | | | • *reír* → riendo |

**2.** Observa la ilustración del ejercicio 1 y completa la conversación.

**Carmen:** ¿Sí?
**Pablo:** Hola, Carmen, soy Pablo. ¿Habéis terminado los deberes?
**Carmen:** Armando y Miguel sí, pero yo no. Estoy ▒▒ el ejercicio de francés.
**Pablo:** ¿Armando y Miguel se han ido?
**Carmen:** No, no, todavía están aquí. Armando está ▒▒ música.
Y Miguel está ▒▒ a una amiga. Y tú, ¿has hecho los deberes?
**Pablo:** No, el ejercicio de matemáticas todavía no. Tengo tiempo, es para el jueves.
**Carmen:** ¿Y qué estás ▒▒?
**Pablo:** Estoy ▒▒ con el ordenador. ¿Me pones con Miguel?
**Carmen:** Sí, ahora. ¡Miguel! ¡Miguel!

## Verbos con pronombre: PEINARSE

| (Yo) | **me** estoy peinando | = | estoy peinándo**me** |
| (Tú/vos) | **te** estás peinando | = | estás peinándo**te** |
| (Usted/él/ella) | **se** está peinando | = | está peinándo**se** |
| (Nosotros/as) | **nos** estamos peinando | = | estamos peinándo**nos** |
| (Vosotros/as) | **os** estáis peinando | = | estáis peinándo**os** |
| (Ustedes/ellos/ellas) | **se** están peinando | = | están peinándo**se** |

**3.** **Observa la ilustración. ¿Qué está haciendo cada persona?**

comer un bocadillo
beber agua
leer
escribir
escuchar música
correr
esperar el autobús
abrir la ventana
reírse
hablar
montar en moto
salir de la casa
estudiar
tocar el violín
descansar
cocinar

**En parejas.**

**A**

*Está paseando por el tejado.*

**B**

*¡Es el gato!*

**1.** Hoy es el cumpleaños de Lucía, la hermana de Armando. Toda la familia está preparando la fiesta.
a. ¿Qué está haciendo cada uno?

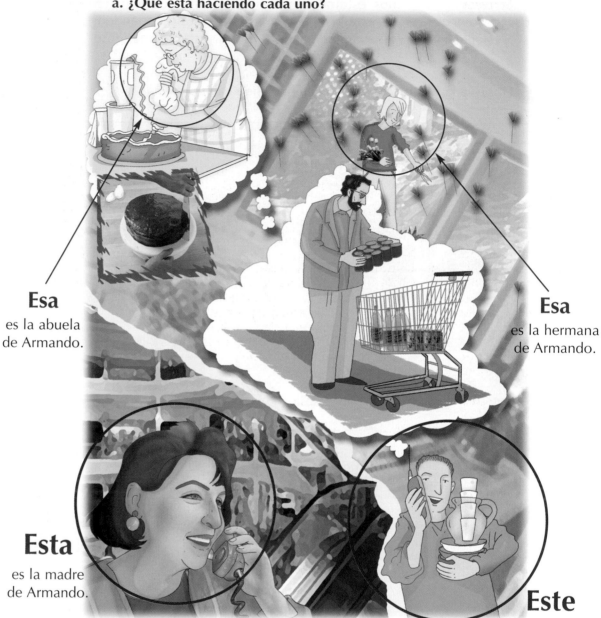

**Esa**
es la abuela de Armando.

**Esa**
es la hermana de Armando.

**Esta**
es la madre de Armando.

**Este**
es Armando.

b. Ahora, escucha la conversación y comprueba tus respuestas.
¿Qué está haciendo Lucía? ¿Por qué?

**2.** Observa.

### LOS DEMOSTRATIVOS

| | ESTÁ(N) AQUÍ | | ESTÁ(N) UN POCO MÁS LEJOS | |
|---|---|---|---|---|
| | *Singular* | *Pural* | *Singular* | *Pural* |
| *Masculino* | este | estos | ese | esos |
| *Femenino* | esta | estas | esa | esas |

**3.** Lucía ha invitado a Pablo, el amigo de Armando.
Lee la conversación entre Pablo y Armando y localiza a cada persona en la fiesta.

**Armando:** Mira, esta es mi hermana Lucía.
**Pablo:** ¡Hola! ¡Feliz cumpleaños!
**Lucía:** Gracias.
**Pablo:** ¿Quién es esa chica?
**Armando:** ¿Cuál?
**Pablo:** La morena, baja, delante de la mesa.
**Armando:** Ah... Es mi prima Verónica. Es guapa ¿eh? ¿Y ves ese chico moreno detrás de Verónica? Pues es Álvaro, su hermano gemelo.
**Pablo:** Y esos dos chicos debajo del árbol, ¿quiénes son?
**Armando:** El rubio es Santi, un amigo de Lucía, y el otro es Jesús, un compañero de clase. Y mira esas chicas al lado de la puerta... pues la morena es Andrea, la hermana de Jesús, y la rubia es Julia.
**Pablo:** Bueno, pues ahora... a bailar.

**4.** Con tu compañero representa esta situación.

- Lucía presenta a  - Álvaro a Pablo.
  - Andrea y Julia a Véronica.

- Santi y Jesús hablan de Álvaro.
(Jesús no conoce a Álvaro pero Santi sí.)

# Fonética

 PRONUNCIAR LA R Y LA RR

1. Escucha e indica si oyes una r suave o fuerte.

- pizarra
- jirafa
- hablar

- rojo
- historia
- frase

- acuario
- perro
- corto

- rosa
- gracias
- cuarenta

- decir
- marzo
- regalo

2. Relaciona.

rr se pronuncia •
r inicial se pronuncia •          • suave.
Entre dos vocales, r se pronuncia •
r final se pronuncia •            • fuerte.
Junto a consonante, r se pronuncia •

 3. Pronuncia estas palabras. Luego, escucha la grabación y comprueba.

- guitarra
- primavera
- miércoles

- Madrid
- largos
- Tierra

- responder
- regla
- escribir

- acuario
- correcto
- verano

- rincón
- viernes
- llamar

## Venezuela

Venezuela está situada en la costa norte de América del Sur. Limita al norte con el mar Caribe y el océano Atlántico, al este con Guyana y Brasil, al sur con Brasil y al oeste con Colombia.
La más conocida y turística de sus 300 islas en el mar Caribe quizá es Isla Margarita.
Venezuela está dividida en 23 estados, un distrito capital (Caracas) y 72 dependencias federales en las islas.
Su río más importante es el Orinoco, afluente del Amazonas.

La capital es Caracas y otras ciudades importantes son Maracaibo, Valencia, Barquisimeto, Ciudad Guayana y Ciudad Bolívar.

Tiene 24 millones de habitantes y la lengua oficial es el español.

En Venezuela hay una naturaleza muy variada: las tierras altas de los Andes, las tierras bajas junto al lago Maracaibo, los famosos llanos de la cuenca del río Orinoco, bosques tropicales, sabana y playas de blanca arena.
El Parque Nacional Canaima es un área de gran interés en flora y fauna (Venezuela es el séptimo país del mundo en variedades de especies, 130.000), y en él está el famoso Salto Angel.
Es la catarata más alta del mundo, casi un kilómetro de caída.

La flor nacional es la orquídea, llamada en Venezuela "Flor de mayo".
El puma, el tucán, las guacamayas y el turpial son algunas variedades de la fauna venezolana.

Bolívar.

La estatua de Simón Bolívar. CARACAS.

El Museo Simón Bolívar. CARACAS.

Montañas. MÉRIDA.

Playa. PENÍNSULA DE PARAGUANÁ.

El puente Rafael Urdaneta. MARACAIBO.

El río Orinoco.

La Playa del Agua. ISLA MARGARITA.

El Salto Angel. CANAIMA.

**mochila**

CARACAS.

MÉRIDA.

La entrada al Capitolio. CARACAS.

El Capitolio. CARACAS.

Planta de petróleo. PENÍNSULA DE PARAGUANÁ.

La estatua de Simón Bolívar. MÉRIDA.

La Avenida de Bolívar. CARACAS.

Bosque. JAJI.

Refinería. PENÍNSULA DE PARAGUANÁ.

Mercadillo. MÉRIDA.

El monumento a Bolívar. CARACAS.

CARACAS.

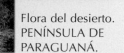
Flora del desierto. PENÍNSULA DE PARAGUANÁ.

## Documentos

Simón Bolívar: general venezolano (s. XIX), se le conoce como "El Libertador" de la patria frente a España. El nombre completo de Venezuela es República Bolivariana de Venezuela. La moneda, el bolívar, también lleva su nombre.

**Textos de Simón Bolívar, El Libertador.**

**Educación:**
*La educación e instrucción pública son el principio más seguro de la felicidad general y la más sólida base de la libertad de los pueblos.*

**Gobierno:**
*El sistema de gobierno más perfecto es aquel que produce mayor suma de felicidad posible, mayor suma de seguridad social y mayor suma de estabilidad política.*

**Humanismo:**
*Haz a los otros el bien que quieras para ti. No hagas al otro el mal que no quieras para ti. Son los dos principios eternos de justicia natural en que están encarnados todos los derechos respecto a los individuos.*

**Libertad:**
*Amo la libertad de la América más que a mi gloria propia; y para conseguirla no he ahorrado sacrificios.*

Claudia tiene su propia página *web*.
¡¡Anímate y entra!!

## ¿Quién soy?
## Soy una chica del siglo XXI
## ¡¡Bienvenidos a todos!!

**Para ver una foto de mi último cumpleaños, pulsa aquí.**

**Para ver fotos de Chufi, pulsa aquí.**

**Para ver fotos de mi instituto, pulsa aquí.**

**Para ver fotos de mis amigos, pulsa aquí.**

Me llamo Claudia y tengo doce años. Mi cumpleaños es el 15 de junio.

Vivo en Sevilla. En casa somos ocho: mis padres, mis abuelos maternos y mis dos hermanos. Adrián tiene 14 años y Lorenzo tiene 8. Bueno, luego está mi perro Chufi. Chufi tiene tres años, es muy cariñoso y glotón.

Voy al instituto Pintor Murillo y estoy en primero de ESO. Me gusta mucho estudiar y mi asignatura favorita es la Educación Física.

Tengo un montón de amigos supersimpáticos:
- Merche es mi mejor amiga. Es muy romántica y un poco tímida.
- Isabel es muy habladora, pero tiene un defecto, es muy traviesa.
- Pedro es muy inteligente y trabajador. Pero, a veces, es un poco envidioso.
- Rodrigo es muy marchoso y abierto.

Estos somos los cinco amigos, en la puerta del instituto: Pedro, yo, Isabel, Rodrigo y Merche.
En esta foto salgo muy fea, es que no soy fotogénica.
Ahora tengo un aspecto diferente, tengo el pelo rizado.

**Eres el visitante n.°** 3 6 2 0

**Firma mi libro de visitas.**

Escribe a Claudia: Preséntate y habla de ti y de tus amigos (tu familia, tu mascota, cómo eres, tus materias preferidas, cómo son tus amigos...).
Puedes enviar tu página a: chicos-chicas@edelsa.es

# FICHA RESUMEN

## COMUNICACIÓN

- Describir el carácter de las personas
*Es simpático, generoso, trabajador, cariñoso...*
- Decir lo que se está haciendo
*Estoy escuchando música; estamos escribiendo un correo electrónico...*
- Reaccionar informalmente
*¡Qué dices! ¡Bah!*
- Presentar a alguien
*Mira, esta es mi hermana Lucía.*

## GRAMÁTICA

- *Ser* y *Estar*
*Ser* + cualidades permanentes: *es tímido.*
*Estar* + cualidades no permanentes: *estoy contento.*
- Adverbios de cantidad + adjetivo
*Muy, bastante, un poco...*
*Juan es bastante tímido.*
- *Estar* + gerundio
*Están jugando al baloncesto.*
- Gerundios regulares
*-ar>ando ; -er>endo; -ir>iendo*
- Gerundios irregulares
*Dormir > durmiendo; decir> diciendo; vestir >vistiendo; leer >leyendo;*
*Reír > riendo.*
- Los demostrativos
*Este/esta...*

## VOCABULARIO

- **Adjetivos para describir la personalidad**
*Inteligente, egoísta, vago/a, orgulloso/a, aburrido/a, gracioso/a...*
- **Verbos de acciones cotidianas**
*Bailar, correr, jugar, andar, montar en moto, etc.*

# Tiempo libre

 **1.** Carmen y Miguel hablan de sus aficiones. Escucha la conversación y completa este cuadro en tu cuaderno con los números correspondientes.

|  | Le encanta/n | Le gusta/n mucho | Le gusta/n | No le gusta/n | Detesta |
|---|---|---|---|---|---|
| Carmen |  |  |  |  |  |
| Miguel |  |  |  |  |  |

**2.** Observa.

### EXPRESAR GUSTOS

| + | Me encanta | } | la música. | Me encantan | } | las películas de aventuras. |
|---|---|---|---|---|---|---|
|  | Me gusta mucho |  | el deporte. | Me gustan mucho |  | los animales. |
|  | Me gusta |  | bailar. | Me gustan |  |  |
|  | No me gusta |  |  | No me gustan |  |  |
| - | Detesto |  |  | Detesto |  |  |

**3.** Compara tus gustos con los de tu compañero. ¿Cuántas aficiones tenéis en común?

A

*Me encanta montar en bici. ¿Y a ti?*

B

*A mí también.*

**4.** Observa.

---

**EXPRESAR FRECUENCIA**

| | | |
|---|---|---|
| Una vez<br>Dos/tres... veces | al día / a la semana / al mes. | Veo la tele a menudo. |
| Todos/todas | los días / los lunes, martes...<br>los fines de semana / las semanas.<br>los meses / los veranos, otoños...<br>los años. | Veo la tele de vez en cuando.<br><br>Casi nunca veo la tele.<br>No veo la tele casi nunca. |
| Cada | día / lunes, martes...<br>fin de semana / semana.<br>mes / verano, otoño... / año. | Nunca veo la tele<br>No veo la tele nunca. |

---

**5.** a. Escucha el diálogo entre Marta y Pablo.
  b. Relaciona.

- Va a la playa todos los domingos.
- Lee cómics de vez en cuando.

Marta •
Pablo •
- Ve la televisión todos los días.
- Se baña a menudo.
- Nunca ve la televisión.
- Monta en bicicleta cada fin de semana.

**6.** Lee y comprueba tus respuestas.

**Marta:** Veo la tele todos los días. ¿Y tú?
**Pablo:** Yo nunca veo la tele, no me gusta.
**Marta:** Pues a mí me gusta mucho. Leo cómics de vez en cuando. Y monto en bici cada fin de semana.
**Pablo:** A mí también me encanta montar en bici. Voy a la playa todos los domingos, me gusta mucho bañarme.
**Marta:** A mí también me gusta la playa y me baño a menudo.

# Practica y Consolida

**1.** Más actividades de tiempo libre.
¿Cuál/es prefieres?

Prefiero...
Me gusta...

- ir a la playa
- jugar al baloncesto
- leer revistas
- montar en monopatín
- navegar por Internet
- ir al cine
- ir de compras
- ir al centro comercial
- ir a un parque de atracciones
- coleccionar sellos
- escuchar música
- jugar con los videojuegos
- cocinar

**2.** Mira las fotos del ejercicio 1. Adivina qué le gusta a cada uno y qué no.

**3.** Repasamos la frecuencia de tus gustos y aficiones.
Relaciona y presenta a la clase tus respuestas.

Casi nunca

A menudo

De vez en cuando me gusta

Nunca

- leo.
- voy al centro comercial.
- navego por Internet.
- comer chocolate.
- escuchar *rap*.
- ir a bailar.
- voy al cine.
- me levanto temprano.
- voy a la playa.
- veo la tele.
- viajo al extranjero.
- escribo a mis amigos.

**4.** Lee estos correos electrónicos y responde a las preguntas.

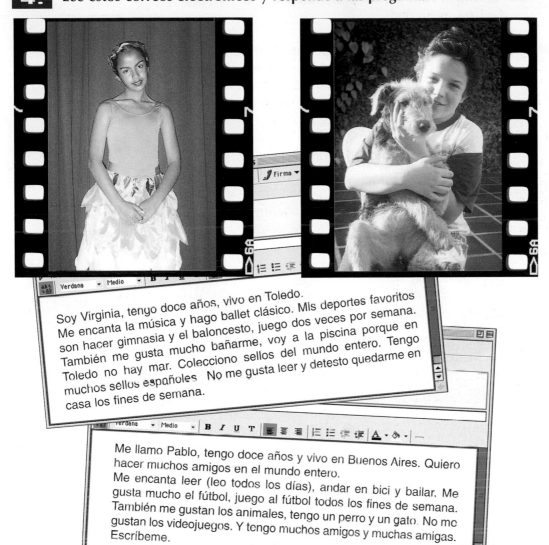

*Firma*

Soy Virginia, tengo doce años, vivo en Toledo.
Me encanta la música y hago ballet clásico. Mis deportes favoritos
son hacer gimnasia y el baloncesto, juego dos veces por semana.
También me gusta mucho bañarme, voy a la piscina porque en
Toledo no hay mar. Colecciono sellos del mundo entero. Tengo
muchos sellos españoles. No me gusta leer y detesto quedarme en
casa los fines de semana.

Me llamo Pablo, tengo doce años y vivo en Buenos Aires. Quiero
hacer muchos amigos en el mundo entero.
Me encanta leer (leo todos los días), andar en bici y bailar. Me
gusta mucho el fútbol, juego al fútbol todos los fines de semana.
También me gustan los animales, tengo un perro y un gato. No me
gustan los videojuegos. Y tengo muchos amigos y muchas amigas.
Escríbeme.

a. ¿Qué le gusta hacer a Virginia?
¿Qué le gusta hacer a Pablo?

b. Habla con tu compañero sobre
Pablo y Virginia.

    A. *Le encanta leer.*
    B. *¡Pablo!*

| mucho |
| :---: |
| muchos, muchas |

• verbo + mucho
*Me gusta mucho pasear.*
• muchos + nombre masculino plural (sin artículo)
*Tengo muchos sellos franceses.*
• muchas + nombre femenino plural (sin artículo)
*Tengo muchas revistas.*

c. ¿Cuál de los dos podría ser tu amigo? ¿Por qué?

d. Contesta a su correo, indica tus aficiones y lo que no te gusta o detestas. ¡No indiques
tu nombre! Luego, pon tu texto en la mesa del profesor, boca abajo.

e. Ahora, elige un texto al azar y léelo en voz alta. Tus compañeros adivinan de quién
es. ¿Qué compañeros pueden realizar actividades juntos? ¿Cuáles?

# Los deportes

**1.** **Relaciona cada deporte con su ilustración.**

El fútbol
El voleibol
El baloncesto
La equitación
El patinaje
El *windsurf*
El *surf*
El ciclismo
La natación
El yudo
El tenis

**2.** **Escucha a tu compañero y responde.**

| A | B |
|---|---|
| Di el nombre de un deporte a tu compañero. | Escucha y di el número. |

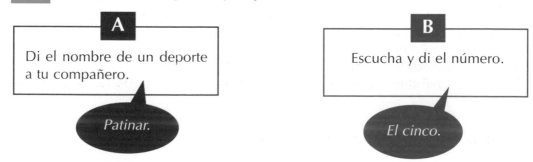

*Patinar.*

*El cinco.*

**3.** Contesta.

¿Qué deporte/s...
... **prefieres?**
... **practicas a menudo?**
... **no practicas nunca?**

 **4.** Escucha a Carmen, Marta, Miguel y Pablo. ¿Qué deporte/s van a practicar este fin de semana? Completa el cuadro en tu cuaderno.

| Carmen | Marta | Miguel | Pablo |
|--------|-------|--------|-------|
|        |       |        |       |

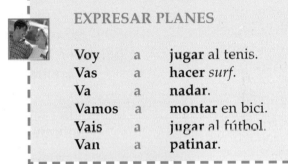

**EXPRESAR PLANES**

| Voy | a | **jugar** al tenis. |
| Vas | a | **hacer** *surf*. |
| Va | a | **nadar**. |
| Vamos | a | **montar** en bici. |
| Vais | a | **jugar** al fútbol. |
| Van | a | **patinar**. |

**5.** Escucha de nuevo y completa la conversación.

**Miguel:** ¿Qué vas [ ] [ ] este fin de semana, Carmen?
**Carmen:** Pues voy [ ] a la playa y voy [ ] [ ] *surf*. Luego, voy [ ] [ ] al voleibol.
**Marta:** Yo también voy [ ] [ ] *surf*. Me encanta.
**Carmen:** ¿Vamos juntas?
**Marta:** Sí, ¡genial! Y tú, Miguel, ¿qué vas [ ] [ ]?
**Miguel:** Voy [ ] [ ] al fútbol.
**Pablo:** Y yo, voy [ ] [ ] yudo, hago yudo todos los sábados por la mañana, me gusta mucho.
**Miguel:** Y por la tarde, ¿qué vas [ ] [ ]?
**Pablo:** No lo sé.
**Miguel:** ¿Quieres jugar al fútbol conmigo?
**Pablo:** ¡Vale! Y luego vamos [ ] [ ] a Marta y a Carmen.

**6.** ¿Y tú qué vas a hacer este fin de semana?

# Practica y Consolida

**1.** Lee este texto.

El baloncesto es un deporte de
equipo muy popular.
Se juega en los cinco continentes.
Su inventor es un profesor de educación física
de un instituto de Massachusetts
(Estados Unidos),
el canadiense James Naismith (1891).
Es un juego olímpico desde 1963.

Se juega en una cancha,
entre dos equipos
de cinco jugadores.
Su objetivo es introducir la
pelota en la canasta del equipo
contrario, situada a tres
metros de altura.
El partido tiene cuatro
tiempos de 12 minutos.

Los jugadores de baloncesto
son rápidos,
hábiles y tienen un gran
espíritu de equipo.

**2.** ¿Verdadero o Falso?

- James Naismith inventa el baloncesto.
- No se juega en Italia.
- Su inventor es un profesor australiano.
- Un partido dura noventa minutos.
- Hay veintidós jugadores en la cancha.
- Los jugadores son altos y rápidos.

Y a ti, ¿te gusta el baloncesto? ¿Formas parte de un equipo? ¿Ves los partidos en la tele?
¿Conoces a algún jugador de baloncesto?

Yo no.

Yo conozco a Michael Jordan, es un jugador americano.

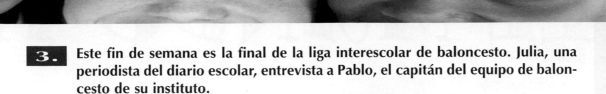

**3.** Este fin de semana es la final de la liga interescolar de baloncesto. Julia, una periodista del diario escolar, entrevista a Pablo, el capitán del equipo de baloncesto de su instituto.

**a. Lee las preguntas e imagina las respuestas de Pablo.**

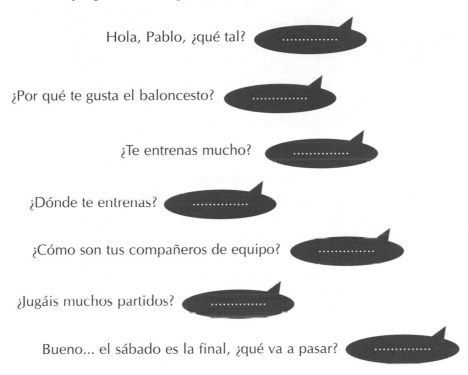

Hola, Pablo, ¿qué tal? ...........

¿Por qué te gusta el baloncesto? ...........

¿Te entrenas mucho? ...........

¿Dónde te entrenas? ...........

¿Cómo son tus compañeros de equipo? ...........

¿Jugáis muchos partidos? ...........

Bueno... el sábado es la final, ¿qué va a pasar? ...........

**b. Escucha y comprueba.**

# Fonética

PRONUNCIAR LA /θ/ Y LA /κ/

1. Escucha y marca en tu cuaderno si oyes /θ/ o /κ/.

| | | | | |
|---|---|---|---|---|
| • lápiz | • izquierda | • ciudad | • comer | • nariz |
| • encima | • brazo | • encantar | • clase | • recreo |
| • actividad | • zumo | • cenar | • zapato | • cuatro |
| • rizado | • tecnología | • cine | • cuaderno | • cielo |

2. Relaciona.

c + a/o/u/consonante se pronuncia •

z + a/o/u se pronuncia •          • /θ/

z a final de sílaba y de palabra se pronuncia •

c + e/i se pronuncia •          • /κ/

3. Escucha y escribe las palabras en tu cuaderno.

# Argentina

Argentina está en América del Sur y limita con Bolivia, Paraguay, Uruguay, Brasil y con Chile a través de los Andes. Tiene una superficie de 2.780.000 km$^2$.
La capital se llama Buenos Aires y está situada al este, en la orilla derecha del estuario del Río de la Plata.

Al sur están las regiones de Patagonia y Tierra del Fuego, de clima casi polar; al norte la llanura de El Chaco; al este y en el centro las verdes llanuras de la Pampa.

Tiene 36 millones de habitantes, y una tercera parte vive en la capital.
La lengua oficial es el español, pero en algunos lugares también se hablan lenguas indígenas.

Algunos animales de Argentina están en peligro de extinción: la ballena azul, el yaguareté, el zorro colorado, la chinchilla y el ocelote.

Peso.

La Casa Rosada. BUENOS AIRES.

El Glaciar Perito Moreno.

BUENOS AIRES.

Valle Grande. MENDOZA.

Gaucho y caballo.

Parque Nacional. EL CHACO.

Puma.

La Pampa.

Ballena azul.

Catarata. IGUAZÚ.

**mochila**

El Barrio de la Boca. BUENOS AIRES.

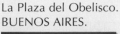
La Plaza del Obelisco. BUENOS AIRES.

La Plaza de Mayo. BUENOS AIRES.

Vista panorámica. SALTA.

Gaucho a caballo.

La Avenida 9 de Julio. BUENOS AIRES.

Estatua humana.

La Catedral. CÓRDOBA.

Gaucho.

Iglesia. SALTA.

El Glaciar Perito Moreno.

El Barrio de la Boca. BUENOS AIRES.

El tango.

Las cataratas del Iguazú.

## Documentos
**Elsa I. Bornemann.
Literatura juvenil desde Argentina.**

Elsa Isabel Bornemann es la autora argentina de cuentos y poesía para jóvenes más importante hoy en día.

Le encanta pensar que sus libros son, para los chicos y chicas, "el primer escalón hacia la literatura en general".

También está convencida de que la juventud "no vive dentro de una burbuja" y, por eso, en sus libros trata temas como el amor, la muerte, el miedo, el racismo. Su colección de poemas más conocida es *El libro de los chicos enamorados*. Su libro de relatos más famoso es *¡Socorro!*, doce cuentos de miedo. ¡El prólogo lo escribe el monstruo Frankenstein!

### DE VACACIONES CON PAPÁ Y MAMÁ*

*Nos separaron
enamorados.
a vacaciones
dos condenados.
Tus padres cuentan que jamás lloraste así.
Los míos dicen que estoy triste porque sí.
Yo, junto al mar.
Tú, en la montaña.
Corazón chico
también extraña.
Mis padres piensan que "ha de ser debilidad…",
los tuyos creen que "son cosas de la edad…".
Que es por amor
ninguno sabe.
Te dan consejos…
¡y a mí un jarabe!*

*\*Hay muchos poemas de Elsa Isabel Bornemann hechos canciones.
Este es uno de ellos.*

# CHIC@S en la red

Alejandro vive en Madrid y te invita a
conocer su ciudad en su página *web*.

¡Hola, amig@ internauta!
Te invito a visitar Madrid,
mi ciudad.

Visita todos los lugares, son horas y horas de diversión.

**Imax, el cine en tres dimensiones.** Vas a descubrir la vida de los animales prehistóricos.

**Museo de cera.** Vas a conocer a Induráin, Frankenstein...

**Parques y jardines.** Vas a ver bonitos monumentos.

**Museo del Prado.** Vas a visitar la mejor pinacoteca del mundo.

**PARQUE DE ATRACCIONES** MADRID
Vas a tener muchas sensaciones fuertes.

**Zoológico de la Casa de Campo.** Vas a admirar miles de animales de los cinco continentes.

Planetario de Madrid
**Planetario.** Vas a pasear por el Sistema Solar.

## 1. ¿Qué botón vas a pulsar para...

- ... montar en la montaña rusa?
- ... ver leones y elefantes?
- ... visitar monumentos?
- ... ver personajes famosos?
- ... conocer la vida de los dinosaurios?
- ... descubrir cuadros de Goya?
- ... admirar fotos del espacio?

# FICHA RESUMEN

## COMUNICACIÓN

- Expresar gustos

*Me encanta, me gusta mucho, detesto...*

- Expresar la frecuencia

*Una vez a la semana, dos veces al mes, todos los días, cada verano, nunca, casi nunca, de vez en cuando...*

- Hablar de planes e intenciones

*¿Qué vas a hacer este fin de semana?*

*Pues voy a ir a la playa, voy a hacer surf...*

## GRAMÁTICA

- *Ir a* + sustantivo

*Voy a la piscina.*

- *Ir a* + infinitivo

*Voy a montar en bicicleta.*

- Verbo + *mucho*

*Me gusta mucho pasear.*

- *Muchos/muchas* + sustantivo

*Tengo muchos amigos.*

## VOCABULARIO

- Actividades de ocio y aficiones

*Pasear, tocar la guitarra, ver la televisión, dibujar, navegar por Internet, coleccionar sellos...*

- El deporte

*El fútbol, el baloncesto, el voleibol, el monopatín, el yudo, el jugador, la pelota, el equipo, la cancha, la canasta...*

**1.** Lee este anuncio.

# De viajes

LA REVISTA DE
LOS JÓVENES
VIAJEROS

# ¿Qué puedo hacer?

## ¡Se acabó el colegio!
## Estás de vacaciones y no sabes qué hacer...

**Si te quedas en la ciudad**
Puedes visitar los museos, ir a la biblioteca, al parque, a la piscina, al zoo...
Si te gusta pasear, puedes organizar salidas con tus amigos.
También te puedes apuntar a un cursillo de manualidades, de música o de idiomas.

**Si vas a la costa**
En la playa puedes bañarte, tomar el sol, practicar muchos deportes, nadar, correr, o simplemente caminar junto al mar.
Por la noche, puedes mirar una puesta de sol mientras escuchas tu música favorita en el *walkman*. ¡Pruébalo!
Y recuerda, en la playa también puedes hacer un montón de nuevos amigos.

**Si vas a la montaña o al campo**
Si te gusta pasear, organiza excursiones a pie o en bici para descubrir la naturaleza.
Si tienes una cámara, saca fotos de las casas, de los animales, de los paisajes, de los puentes... Y si te gusta dibujar o pintar, ¿por qué no dibujas el paisaje para decorar luego tu habitación?

Adaptado de Minnie Disney

**2.** Clasifica las actividades del texto. Luego indica tus preferidas.

| Deportivas | Culturales | Manuales | Otras |
|---|---|---|---|
| | | | |

**3.** Carmen está en la playa y escribe a su amiga Marta. Ordena las palabras y escribe las frases en tu cuaderno.

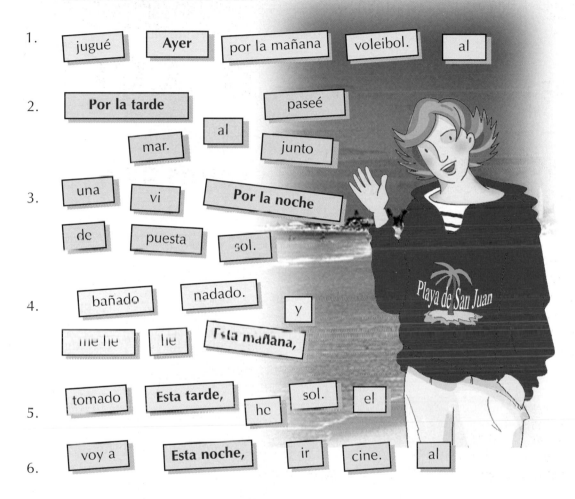

1. jugué · Ayer · por la mañana · voleibol. · al

2. Por la tarde · paseé · al · mar. · junto

3. una · vi · Por la noche · de · puesta · sol.

4. bañado · nadado. · y · me he · he · Esta mañana,

5. tomado · Esta tarde, · sol. · he · el

6. voy a · Esta noche, · ir · cine. · al

**4.** Estás pasando las vacaciones con tu compañero en la montaña o en el mar. Llegasteis el viernes por la mañana. Hoy es domingo y son las ocho de la tarde. Escribe a un amigo. Indica las actividades del viernes, del sábado y de hoy.
(Usa las actividades de la revista.)

Querido Fernando:

El viernes por la mañana, organizamos una excursión en bici.

| RECUERDA | |
|---|---|
| Con | Con |
| • Hoy<br>• **Esta** mañana/tarde<br><br>Se usa el P. Perfecto. | • El viernes/sábado<br>• Ayer<br><br>Se usa el P. Indefinido. |

# 8 Unidad

# Campamento de verano

Hay caballos detrás de la granja.

🎧 **1.** Escucha la grabación, observa la ilustración y contesta a las preguntas.

El lago está al lado del pueblo.

1. La nube
2. El sol
3. El pueblo
4. El lago
5. El puente
6. El cerdo
7. El río
8. El prado
9. El bosque
10. La vaca
11. El caballo
12. El gato
13. La granja
14. El coche
15. El carro
16. El perro
17. La oveja
18. El gallo
19. La oca
20. El burro
21. El campamento

- Se usa el verbo **estar** para indicar la situación, con los artículos **el, la, los, las**.
  *La granja está al lado del bosque.*
  *El bosque está detrás de la granja.*
  *Las ovejas están delante de la granja.*

- Se usa **hay** para indicar la existencia, con **un/una, dos, tres...** y **palabras en plural**.
  *Hay nubes en el cielo.*
  *Hay un bosque junto al puente.*
  *Hay dos ovejas en el prado.*

**2.** Ahora, contesta a estas preguntas. Escribe las respuestas en tu cuaderno.

1. ¿Dónde está el gallo?
2. ¿Qué hay a la derecha de la granja?
3. ¿Dónde está el pueblo?
4. ¿Qué hay entre la granja y el pueblo?

**3.** Miguel, desde el campamento, escribió una carta en clave a sus amigos. Ayúdales a descifrarla.

¡Hola, chicos!

Ya estoy en el  . Llegamos el lunes a las  de la  , un poco

cansados pero muy  .

El paisaje es muy bonito y hace mucho  . Hay un pequeño  , una

y un prado con  .

Ayer hicimos piragüismo en el  . Luego, fuimos al  .

Esta mañana, hemos paseado a  por el  , hemos visto un  encima de un

 . Esta tarde hemos hecho una excursión en 🚲 de montaña, me ha gustado mucho.

Espero  , ¡eh!

Miguel

**4.** Ahora escucha la grabación y comprueba.

**5.** Estás en el campamento con Miguel. Observa el horario de las actividades y escribe una carta a un amigo. Es martes y son las siete de la tarde.

Usa estos verbos y expresiones:

- bailar
- merendar
- sacar fotos
- comer
- ver
- jugar

- visitar
- nadar
- bañarse
- pescar
- observar
- hacer *windsurf*

- **Ayer por la mañana / Esta mañana.**
- **Ayer por la tarde / Esta tarde.**
- **Ayer por la noche / Esta noche.**

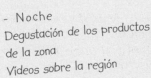

LUNES

- Mañana
Lago: baño y windsurf

- Tarde
Merienda en el campo
Visita a la granja
Pesca en el río

- Noche
Degustación de los productos
de la zona
Vídeos sobre la región

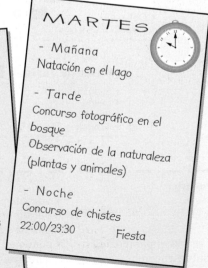

MARTES

- Mañana
Natación en el lago

- Tarde
Concurso fotográfico en el bosque
Observación de la naturaleza
(plantas y animales)

- Noche
Concurso de chistes
22:00/23:30
Fiesta

# Viaje fin de curso.

## Destino: Tenerife (Islas Canarias)

**1.** Observa los mapas y contesta a estas preguntas.
a. ¿Dónde están situadas las Islas Canarias?
b. ¿Cuántas islas hay? ¿Cómo se llaman?

**2.** Isla de Tenerife.

- ¿Qué hay en el centro de la isla?
- ¿Cómo se llama la capital?
- ¿Qué actividades se pueden realizar en Tenerife?

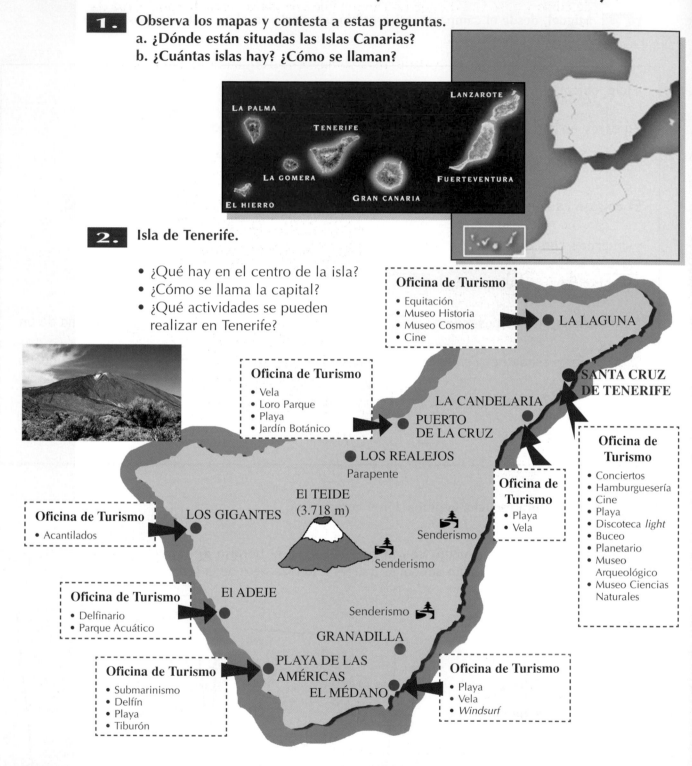

LA PALMA · TENERIFE · LANZAROTE · LA GOMERA · FUERTEVENTURA · EL HIERRO · GRAN CANARIA

**Oficina de Turismo**
- Equitación
- Museo Historia
- Museo Cosmos
- Cine

LA LAGUNA

SANTA CRUZ DE TENERIFE

**Oficina de Turismo**
- Vela
- Loro Parque
- Playa
- Jardín Botánico

LA CANDELARIA

PUERTO DE LA CRUZ

LOS REALEJOS
Parapente

El TEIDE (3.718 m)

**Oficina de Turismo**
- Playa
- Vela

**Oficina de Turismo**
- Conciertos
- Hamburguesería
- Cine
- Playa
- Discoteca *light*
- Buceo
- Planetario
- Museo Arqueológico
- Museo Ciencias Naturales

**Oficina de Turismo**
- Acantilados

LOS GIGANTES

Senderismo

Senderismo

**Oficina de Turismo**
- Delfinario
- Parque Acuático

El ADEJE

Senderismo

GRANADILLA

**Oficina de Turismo**
- Submarinismo
- Delfín
- Playa
- Tiburón

PLAYA DE LAS AMÉRICAS

EL MÉDANO

**Oficina de Turismo**
- Playa
- Vela
- *Windsurf*

---

**Para ayudarte:**
- bañarse
- tomar el sol
- nadar
- hacer *windsurf*, parapente, vela, submarinismo

- ver una película
- ver tiburones, delfines
- pasear a camello
- comer en una hamburguesería

- jugar en un parque acuático
- conocer el fondo del océano
- bailar
- ver un espectáculo de delfines

- descubrir los planetas
- asistir a un concierto
- hacer excursiones
- visitar un museo, un zoo, una ciudad, un jardín botánico

**3.** **En grupos de cuatro. El verano pasado, la clase fue a Tenerife en viaje de fin de curso y pasó tres días en un camping de una playa cerca de Santa Cruz de Tenerife.**

**a.** Cuenta el viaje: elige dos actividades para el día y una para la noche, para cada día.

*El primer día, por la mañana hicimos...*
*El segundo día, por la mañana hicimos...*

**b.** ¿Qué grupo hizo el viaje más...

... deportivo?
... cultural?
... de diversión?
... próximo a la naturaleza?

# Fonética

PRONUNCIAR LA /g/ Y LA /x/

1. Escucha y marca en tu cuaderno si oyes /g/ o /x/

| | | | | |
|---|---|---|---|---|
| • trabajar | • amiga | • julio | • inglés | • ojo |
| • hago | • grande | • Miguel | • Jiménez | • gustar |
| • inteligente | • página | • ejemplo | • gimnasia | • guitarrista |

2. Relaciona.

j + vocal se pronuncia •
gu + e/i se pronuncia •          • /g/
g + e/i se pronuncia •
g + a/o/u/consonante se pronuncia •          • /x/

3. Escucha y escribe las palabras en tu cuaderno.

# MUNDO MAYA

Hay restos arqueológicos del imperio maya en cuatro países de habla hispana:
México, Guatemala, Honduras y El Salvador; y en uno de habla inglesa: Belice.

En 1988 se creó el Proyecto Mundo Maya con la participación de estos cinco países.
Todos juntos trabajan por la conservación de los conjuntos arqueológicos, las reservas naturales, el desarrollo del turismo, etc.
Guatemala es la sede de la organización y Honduras tiene la secretaría ejecutiva.

El imperio maya fue muy extenso (más de 300.000 km$^2$) y tuvo su esplendor máximo desde los siglos IV al X.
Los mayas desarrollaron una civilización técnica y organizada, con división del trabajo por edad, sexo y clase social.
- Inventaron un calendario:
su sistema numérico ya tenía el cero, pero no era decimal, sino vigesimal;
- practicaron la escritura jeroglífica;
- fueron excelentes arquitectos y escultores;
- construyeron más de 100 ciudades.

El Templo del Sol. PALENQUE. MÉXICO.

El Templo I o del Gran Jaguar.
TIKAL.
GUATEMALA.

El lago y el volcán Atitlán.
GUATEMALA.

mochila

Los conjuntos más importantes de la cultura maya son:

-1. Palenque (Chiapas), 2. Uxmal (Pirámide del Adivino) y 3. Chichén-Itzá (Pirámide de El Castillo/Kukulkán, Observatorio de El Caracol, Chac-Mool, Templo de los Guerreros) en México.
-4. Tikal, el más impresionante, en Guatemala.
-5. Copán, con inscripciones jeroglíficas, en Honduras.
-6. Joya de Cerén (enterrada por las cenizas de los volcanes de Lomas de Caldera, se la llama "la Pompeya del Nuevo Mundo") en El Salvador.
-7. Altún-Ha en Belice.

La Naturaleza es un tesoro en el Mundo Maya: paisajes de enorme variedad (playas de fina arena, cayos y arrecifes de coral, canales submarinos para la natación, el buceo, el snorkel, el surf y la pesca), y flora y fauna únicas que tratan de conservar reservas naturales como las del Quetzal en Chiapas y en Guatemala, de Sian Ka'an, de los Montes Azules, de la Biosfera Maya, etc.

El pueblo maya sigue vivo hoy en día. Más de 5.000.000 de personas constituyen su población.

Laguna Flores y Selva del Petén. GUATEMALA.

Artesanía maya. Telar de cintura en Zinacantán. GUATEMALA.

Santuario de la mariposa Monarca. MÉXICO.

Buceo en Bahías de Huatulco. MÉXICO.

El Observatorio de El Caracol. CHICHÉN-ITZÁ. MÉXICO.

La pirámide de El Castillo o Kukulkán. CHICHÉN-ITZÁ. MÉXICO.

La pirámide de El Adivino. UXMAL. MÉXICO.

Coatí o pizote en Tikal. GUATEMALA.

Museo de la tortuga. Bahías de Huatulco. MÉXICO.

El templo de Los Guerreros. CHICHÉN-ITZÁ. MÉXICO.

# CHIC@S en la red

El invierno pasado, Hugo fue a esquiar por primera vez a San Carlos de Bariloche. Lee su página *web*.

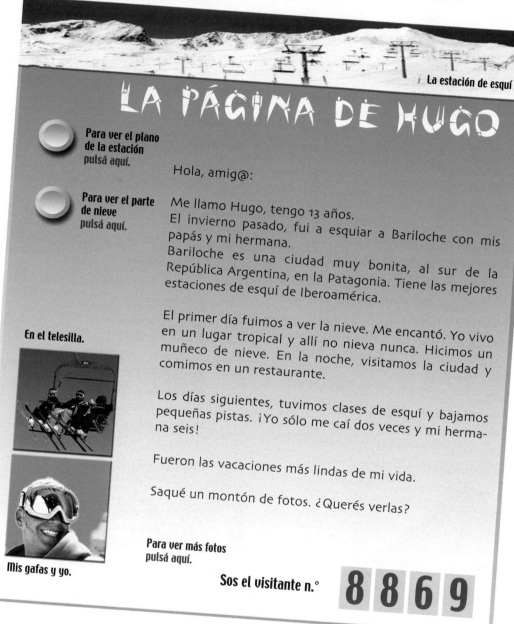

La estación de esquí

## LA PÁGINA DE HUGO

**Para ver el plano de la estación** pulsá aquí.

**Para ver el parte de nieve** pulsá aquí.

Hola, amig@:

Me llamo Hugo, tengo 13 años.
El invierno pasado, fui a esquiar a Bariloche con mis papás y mi hermana.
Bariloche es una ciudad muy bonita, al sur de la República Argentina, en la Patagonia. Tiene las mejores estaciones de esquí de Iberoamérica.

El primer día fuimos a ver la nieve. Me encantó. Yo vivo en un lugar tropical y allí no nieva nunca. Hicimos un muñeco de nieve. En la noche, visitamos la ciudad y comimos en un restaurante.

Los días siguientes, tuvimos clases de esquí y bajamos pequeñas pistas. ¡Yo sólo me caí dos veces y mi hermana seis!

Fueron las vacaciones más lindas de mi vida.

Saqué un montón de fotos. ¿Querés verlas?

En el telesilla.

**Para ver más fotos** pulsá aquí.

Mis gafas y yo.

Sos el visitante n.°   **8 8 6 9**

---

| En España se dice | En Argentina se dice |
|---|---|
| mis pades | mis papás |
| por la noche | en la noche |
| bonitas | lindas |
| quieres | querés |
| pulsa | pulsá |
| escríbeme | escribime |
| eres | sos |

a. ¿Dónde está la Patagonia?
b. ¿Por qué le gusta tanto la nieve a Hugo?
c. ¿Qué hicieron el primer día?
d. ¿Quién esquió mejor, Hugo o su hermana?
e. Y tú, ¿sabes esquiar? ¿Dónde pasaste las últimas vacaciones de invierno?

Manda tu texto a:
chicos-chicas@edelsa.es

# FICHA RESUMEN

## COMUNICACIÓN

• Hablar de actividades pasadas

*El verano pasado hice senderismo, fui a un campamento, hice muchas excursiones...*

• Describir paisajes

*El río está al lado de la montaña y hay muchos árboles.*

## GRAMÁTICA

• Pretérito Indefinido
• Verbos regulares: *hablar > hablé; comer > comí ; escribir > escribí.*
• Verbos irregulares: *estar > estuve ; hacer > hice ; ir/ser > fui, tener > tuve; ver > vi.*
• Contraste: Pretérito Indefinido y Pretérito Perfecto

*Ayer por la tarde, por la mañana, por la noche... fui al cine.*
*Esta mañana he ido a la biblioteca.*

• Expresiones temporales con Pretérito Indefinido

*Ayer, el otro día, el lunes pasado.*

• Contraste: *Hay / Está*

*En la granja hay animales, pero las vacas están en el campo.*

## VOCABULARIO

• La naturaleza

*El campo, la granja, el sol, las nubes, el pueblo, el lago, el río, el bosque, el prado...*

• Actividades al aire libre

*Pescar, hacer piragüismo, nadar, sacar fotos, bañarse...*

Miguel: Hemos visto monos, rinocerontes...
Padre: ¿Has sacado muchas fotos?
Miguel: Sí, muchas.
Madre: ¿Dónde habéis comido?
Miguel: En la playa, un bocadillo.
Madre: ¿Te ha gustado el Parque?
Miguel: Sí, mucho. Bueno, mañana llamo. Un beso a los dos.

## Lección 10. Mundo animal

### Página 66, actividad 2a
Miguel: Por favor, ¿el camino más corto para ir a ver los elefantes?
Guía: Bueno... estamos en la entrada, entonces giras la primera a la derecha. A tu izquierda está el oso panda. Sigues recto y giras la primera a la derecha: estás entre el hipopótamo y la jirafa. Después giras a la izquierda y cruzas el río. Enfrente tienes los elefantes.
Miguel: Vale. Muchas gracias. ¡Hasta luego!
Guía: De nada. Adiós.

### Página 68, actividad 1
El gorila mide un metro sesenta y ocho.
El león corre a cincuenta y ocho kilómetros por hora.
El delfín nada a cincuenta kilómetros por hora.
El hipopótamo vive cuarenta y cinco años.
El cocodrilo tiene sesenta y cinco dientes.
Al día, el hipopótamo come cincuenta y cinco kilos de hierba.

## Unidad 6

## Lección 11. Carmen es simpática

### Página 74, actividad 2a
Carmen: Marta, ¿te gusta el nuevo?
Marta: ¿Pablo? Sí... es superguapo. Se parece a Brad Pitt.
Carmen: ¡Brad Pitt! ¡Qué dices!
Marta: Sí... es alto, delgado, rubio...
Carmen: ¡Y es orgulloso!
Marta: No... He hablado con él esta mañana. Es muy simpático y muy alegre...
Carmen: ¡Simpático! Pues yo también he hablado con él y no me gustado, no es mi tipo. Me gusta más Miguel, porque es muy gracioso y moreno.
Marta: ¡Gracioso! ¡Qué dices! Es bastante reservado.
Carmen: Bueno... un poco, también es educado.
Marta: ¡Bah! Es tímido y aburrido.

### Página 76, actividad 1a
1. Le gusta mucho su oso de peluche.
2. No habla con sus amigos.
3. No le gusta pedir perdón.
4. Tiene mucha fiebre.
5. No duerme bastante.
6. Le gusta mucho María.
7. Tiene buenas notas en clase.
8. Le gusta la moto de Guillermo. Quiere la mochila de Miguel, el ordenador de Pablo.
9. No sale el sábado por la tarde.

## Lección 12. ¿Qué estás haciendo?

### Página 78, actividad 1
Carmen: ¿Sí?
Pablo: Hola, Carmen, soy Pablo. ¿Habéis terminado los deberes?
Carmen: Armando y Miguel sí, pero yo no. Estoy haciendo el ejercicio de francés.
Pablo: ¿Armando y Miguel se han ido?
Carmen: No, no, todavía están aquí. Armando está escuchando música. Y Miguel está escribiendo a una amiga. Y tú, ¿has hecho los deberes?
Pablo: No, el ejercicio de matemáticas todavía no. Tengo tiempo, es para el jueves.
Carmen: ¿Y qué estás haciendo?

Pablo: Estoy trabajando con el ordenador. ¿Me pones con Miguel?
Carmen: Sí, ahora. ¡Miguel! ¡Miguel!

### Página 80, actividad 1
Armando: Sí, ¿dígame?
Madre: Armando, soy mamá. Estoy en el supermercado. Estoy comprando el regalo. ¿Está papá en casa?
Armando: No, ha salido. Está comprando los refrescos.
Madre: ¿Y la abuela?
Armando: Sí, sí... está aquí. Está preparando la tarta.
Madre: Y tú, ¿qué estás haciendo?
Armando: Estoy poniendo la mesa.
Madre: Bueno... Vuelvo a las once. Hasta luego.
Armando: Vale. Hasta luego.
Madre: Oye, oye, ¿y tu hermana?
Armando: ¿Lucía?
Madre: Sí, ¿qué esta haciendo?
Armando: Pues se ha levantado para desayunar.
Madre: ¿Y no ha decorado el jardín?
Armando: Pues no. Está cortando flores...

## Unidad 7

## Lección 13. Tiempo libre

### Página 86, actividad 1
Carmen: Descansamos un poco, ¿de acuerdo?
Miguel: Sí. Yo también estoy cansado.
Carmen: ¿Te gusta ver la tele?
Miguel: No, no me gusta.
Carmen: Pues a mí me gusta mucho y me encanta escuchar música y leer cómics.
Miguel: ¡A mí también me encanta! Y me gusta bailar, sobre todo el *rap*.
Carmen: A mí también me gusta bailar, pero yo prefiero la música *tecno*.
Miguel: ¿Sabes?, tengo muchos videojuegos en casa porque me gustan mucho, ¿y a ti?
Carmen: ¡Detesto los videojuegos! Prefiero ir a la playa y bañarme.
Miguel: ¡No es lo mismo! Pero a mí también me gusta mucho el mar, sobre todo nadar. ¿Y te gusta dibujar?
Carmen: Bah... No me gusta. Es aburrido.
Miguel: A mí tampoco. Oye, ¿y el cine te gusta?
Carmen: La verdad es que no me gusta mucho. Lo que más me gusta es montar en bicicleta.
Miguel: ¡Y a mí! Y el cine tampoco me gusta... Bueno, ¿seguimos?
Carmen: Vale.

### Página 91, actividad 4
Miguel: ¿Qué vas a hacer este fin de semana, Carmen?
Carmen: Pues voy a ir a la playa y voy a hacer *surf*.
Luego, voy a jugar al voleibol.
Marta: Yo también voy a hacer *surf*. Me encanta.
Carmen: ¿Vamos juntas?
Marta: Sí, ¡genial! Y tú, Miguel, ¿qué vas a hacer?
Miguel: Voy a jugar al fútbol.
Pablo: Y yo, voy a practicar yudo, hago yudo todos los sábados por la mañana, me gusta mucho.
Miguel: Y por la tarde, ¿qué vas a hacer?
Pablo: No lo sé.
Miguel: ¿Quieres jugar al fútbol conmigo?
Pablo: ¡Vale! Y luego vamos a ver a Marta y a Carmen.

### Página 93, actividad 3b
Julia: Hola, Pablo, ¿qué tal?
Pablo: Bien, muy bien. Estoy un poco cansado porque esta semana nos hemos entrenado mucho para la final.
Julia: ¿Por qué te gusta el baloncesto?
Pablo: Porque es un deporte de equipo.
Julia: ¿Te entrenas mucho?
Pablo: Dos veces por semana, los lunes y jueves.
Julia: ¿Dónde te entrenas?

Pablo: En el gimnasio del instituto.
Julia: ¿Cómo son tus compañeros de equipo?
Pablo: Todos son muy simpáticos. Nos llevamos muy bien.
Julia: ¿Jugáis muchos partidos?
Pablo: Pues... sí. Jugamos todos los sábados por la tarde.
Julia: Bueno... el sábado es la final, ¿qué va a pasar?
Pablo: ¡Que vamos a ganar!

## Fonética

### Página 93, actividad 3

Cruz, practicar, cine, vez, cerrar, camiseta, cocina, color, concurso, empezar, azul, diez, vacaciones, curso, zoo.

## Unidad 8

### Lección 15. ¡Vacaciones!

### Página 98, actividad 1

Carmen: ¡Qué bien!, ya llegan las vacaciones.
Miguel: Es verdad, ¿tú qué hiciste las vacaciones pasadas?
Carmen: Yo pasé el verano con una amiga en el campo, hicimos senderismo y caminamos todos los días. ¿Y tú?
Miguel: Pues yo estuve en la montaña, conocí sitios preciosos, hice muchas excursiones. Fui con mi hermana. Este año voy a ir a un campamento de verano.
Carmen: ¡Qué suerte!

### Lección 16. Campamento de verano

### Página 102, actividad 1

**a.** Soy de color blanco, tengo una forma alargada.
Estoy encima de las montañas.
¿Quién soy?
Pista: tengo el número 1.

**b.** Soy un animal.
Tengo cuatro patas, estoy cerca de ti y encima de mí hay otro animal.
¿Quién soy?
Pista: tengo el número veinte.

**c.** Soy verde y marrón. Soy alto.
¿Quién soy?
Pista: tengo el número nueve.

**d.** Somos dos, tenemos cuatro patas y nos cuida un perro.
¿Quiénes somos?
Pista: tenemos el número diecisiete.

**e.** A veces estoy tranquilo y a veces enfadado. Soy azul, a veces verde.
¿Quién soy?
Pista: tengo el número siete.

**f.** Dicen que soy el mejor amigo del hombre.
¿Quién soy?
Pista: tengo el número dieciséis.

**g.** Estoy delante de la granja y hay un árbol junto a mí.
¿Quién soy?
Pista: tengo el número catorce.

**h.** Me gusta la tranquilidad, el sol y la libertad.
Soy un animal doméstico.
Estoy encima del techo y debajo hay un perro.
Pista: tengo el número doce.

**i.** Soy como dos piernas abiertas, una a cada lado del campo.
Pasan coches por encima de mí.
¿Quién soy?
Pista: tengo el número cinco.

**j.** También de mí dicen que soy el mejor amigo del hombre, y que además soy muy noble. Detrás de mí está la granja.
¿Quién soy?
Pista: tengo el número once.

**k.** Vivo en el campo. Como hierba verde todo el día y doy leche. Detrás de mí están los árboles y delante hay una granja.
¿Quién soy?
Pista: tengo el número diez.

**l.** Soy el emblema de los franceses.
En las granjas hay muchos como yo.
Tengo varios colores: rojo, azul, marrón...
También tengo un carácter fuerte.
¿Quién soy?
Pista: tengo el número dieciocho.

**m.** Estoy cerca de las montañas y delante de mí hay un lago.
¿Quién soy?
Pista: tengo el número tres.

**n.** Hay un árbol y un coche cerca y la granja está detrás.
Soy de color marrón.
¿Quién soy?
Pista: tengo el número quince.

**ñ.** Hay varios animales. Están las ovejas, el burro, el perro, y hay un gallo cerca.
Tengo dos patas.
¿Quién soy?
Pista: tengo el número diecinueve.

Y, ahora, ¿quiénes somos si te decimos que tenemos los números dos, cuatro, seis, ocho y veintiuno?

### Página 103, actividad 4

¡Hola, chicos!
Ya estoy en el campamento. Llegamos el lunes a las diez de la noche, un poco cansados pero muy contentos.
El paisaje es muy bonito y hace mucho sol. Hay un pequeño pueblo, una granja y un prado con vacas.
Ayer hicimos piragüismo en el río. Luego, fuimos al lago.
Esta mañana, hemos paseado a caballo por el bosque, hemos visto un gallo encima de un burro. Esta tarde hemos hecho una excursión en bicicleta de montaña, me ha gustado mucho. Espero carta, ¡eh!,
Miguel

## Fonética

### Página 105, actividad 3

Jugué, agarrar, ejercicio, agua, grupo, granja, pregunta, viaje, geografía, bajo, junio, jirafa, guitarra, girar, gatos, Argentina, dibujar.

# Conjugación

## I. Auxiliares

**INFINITIVO:** SER
**GERUNDIO:** SIENDO
**PARTICIPIO:** SIDO

### PRESENTE INDICATIVO

| | |
|---|---|
| (Yo) | soy |
| (Tú) | eres |
| (Él, ella, usted) | es |
| (Nosotros/as) | somos |
| (Vosotros/as) | sois |
| (Ellos, ellas, ustedes) | son |

### PRETÉRITO INDEFINIDO

| | |
|---|---|
| (Yo) | fui |
| (Tú) | fuiste |
| (Él, ella, usted) | fue |
| (Nosotros/as) | fuimos |
| (Vosotros/as) | fuisteis |
| (Ellos, ellas, ustedes) | fueron |

### PRETÉRITO PERFECTO

| | |
|---|---|
| (Yo) | he sido |
| (Tú) | has sido |
| (Él, ella, usted) | ha sido |
| (Nosotros/as) | hemos sido |
| (Vosotros/as) | habéis sido |
| (Ellos, ellas, ustedes) | han sido |

**INFINITIVO:** ESTAR
**GERUNDIO:** ESTANDO
**PARTICIPIO:** ESTADO

### PRESENTE INDICATIVO

| | |
|---|---|
| (Yo) | estoy |
| (Tú) | estás |
| (Él, ella, usted) | está |
| (Nosotros/as) | estamos |
| (Vosotros/as) | estáis |
| (Ellos, ellas, ustedes) | están |

### PRETÉRITO INDEFINIDO

| | |
|---|---|
| (Yo) | estuve |
| (Tú) | estuviste |
| (Él, ella, usted) | estuvo |
| (Nosotros/as) | estuvimos |
| (Vosotros/as) | estuvisteis |
| (Ellos, ellas, ustedes) | estuvieron |

### PRETÉRITO PERFECTO

| | |
|---|---|
| (Yo) | he estado |
| (Tú) | has estado |
| (Él, ella, usted) | ha estado |
| (Nosotros/as) | hemos estado |
| (Vosotros/as) | habéis estado |
| (Ellos, ellas, ustedes) | han estado |

**INFINITIVO:** HABER
**GERUNDIO:** HABIENDO
**PARTICIPIO:** HABIDO

### PRESENTE INDICATIVO

| | |
|---|---|
| (Yo) | he |
| (Tú) | has |
| (Él, ella, usted) | ha |
| (Nosotros/as) | hemos |
| (Vosotros/as) | habéis |
| (Ellos, ellas, ustedes) | han |

### PRETÉRITO INDEFINIDO

| | |
|---|---|
| (Yo) | hube |
| (Tú) | hubiste |
| (Él, ella, usted) | hubo |
| (Nosotros/as) | hubimos |
| (Vosotros/as) | hubisteis |
| (Ellos, ellas, ustedes) | hubieron |

### PRETÉRITO PERFECTO

| | |
|---|---|
| (Yo) | he habido |
| (Tú) | has habido |
| (Él, ella, usted) | ha habido |
| (Nosotros/as) | hemos habido |
| (Vosotros/as) | habéis habido |
| (Ellos, ellas, ustedes) | han habido |

# 2. Regulares

## • verbos en -AR

**INFINITIVO:** CANTAR
**GERUNDIO:** CANTANDO
**PARTICIPIO:** CANTADO

### PRESENTE INDICATIVO

| | |
|---|---|
| (Yo) | canto |
| (Tú) | cantas |
| (Él, ella, usted) | canta |
| (Nosotros/as) | cantamos |
| (Vosotros/as) | cantáis |
| (Ellos, ellas, ustedes) | cantan |

### PRETÉRITO INDEFINIDO

| | |
|---|---|
| (Yo) | canté |
| (Tú) | cantaste |
| (Él, ella, usted) | cantó |
| (Nosotros/as) | cantamos |
| (Vosotros/as) | cantasteis |
| (Ellos, ellas, ustedes) | cantaron |

### PRETÉRITO PERFECTO

| | |
|---|---|
| (Yo) | he cantado |
| (Tú) | has cantado |
| (Él, ella, usted) | ha cantado |
| (Nosotros/as) | hemos cantado |
| (Vosotros/as) | habéis cantado |
| (Ellos, ellas, ustedes) | han cantado |

**INFINITIVO:** VIAJAR
**GERUNDIO:** VIAJANDO
**PARTICIPIO:** VIAJADO

### PRESENTE INDICATIVO

| | |
|---|---|
| (Yo) | viajo |
| (Tú) | viajas |
| (Él, ella, usted) | viaja |
| (Nosotros/as) | viajamos |
| (Vosotros/as) | viajáis |
| (Ellos, ellas, ustedes) | viajan |

### PRETÉRITO INDEFINIDO

| | |
|---|---|
| (Yo) | viajé |
| (Tú) | viajaste |
| (Él, ella, usted) | viajó |
| (Nosotros/as) | viajamos |
| (Vosotros/as) | viajasteis |
| (Ellos, ellas, ustedes) | viajaron |

### PRETÉRITO PERFECTO

| | |
|---|---|
| (Yo) | he viajado |
| (Tú) | has viajado |
| (Él, ella, usted) | ha viajado |
| (Nosotros/as) | hemos viajado |
| (Vosotros/as) | habéis viajado |
| (Ellos, ellas, ustedes) | han viajado |

## • verbos en -ER

**INFINITIVO:** BEBER
**GERUNDIO:** BEBIENDO
**PARTICIPIO:** BEBIDO

### PRESENTE INDICATIVO

| | |
|---|---|
| (Yo) | bebo |
| (Tú) | bebes |
| (Él, ella, usted) | bebe |
| (Nosotros/as) | bebemos |
| (Vosotros/as) | bebéis |
| (Ellos, ellas, ustedes) | beben |

### PRETÉRITO INDEFINIDO

| | |
|---|---|
| (Yo) | bebí |
| (Tú) | bebiste |
| (Él, ella, usted) | bebió |
| (Nosotros/as) | bebimos |
| (Vosotros/as) | bebisteis |
| (Ellos, ellas, ustedes) | bebieron |

### PRETÉRITO PERFECTO

| | |
|---|---|
| (Yo) | he bebido |
| (Tú) | has bebido |
| (Él, ella, usted) | ha bebido |
| (Nosotros/as) | hemos bebido |
| (Vosotros/as) | habéis bebido |
| (Ellos, ellas, ustedes) | han bebido |

**INFINITIVO:** COMER
**GERUNDIO:** COMIENDO
**PARTICIPIO:** COMIDO

**PRESENTE INDICATIVO**

| | |
|---|---|
| (Yo) | como |
| (Tú) | comes |
| (Él, ella, usted) | come |
| (Nosotros/as) | comemos |
| (Vosotros/as) | coméis |
| (Ellos, ellas, ustedes) | comen |

**PRETÉRITO INDEFINIDO**

| | |
|---|---|
| (Yo) | comí |
| (Tú) | comiste |
| (Él, ella, usted) | comió |
| (Nosotros/as) | comimos |
| (Vosotros/as) | comisteis |
| (Ellos, ellas, ustedes) | comieron |

**PRETÉRITO PERFECTO**

| | |
|---|---|
| (Yo) | he comido |
| (Tú) | has comido |
| (Él, ella, usted) | ha comido |
| (Nosotros/as) | hemos comido |
| (Vosotros/as) | habéis comido |
| (Ellos, ellas, ustedes) | han comido |

# • verbos en -IR

**INFINITIVO:** VIVIR
**GERUNDIO:** VIVIENDO
**PARTICIPIO:** VIVIDO

**PRESENTE INDICATIVO**

| | |
|---|---|
| (Yo) | vivo |
| (Tú) | vives |
| (Él, ella, usted) | vive |
| (Nosotros/as) | vivimos |
| (Vosotros/as) | vivís |
| (Ellos, ellas, ustedes) | viven |

**PRETÉRITO INDEFINIDO**

| | |
|---|---|
| (Yo) | viví |
| (Tú) | viviste |
| (Él, ella, usted) | vivió |
| (Nosotros/as) | vivimos |
| (Vosotros/as) | vivisteis |
| (Ellos, ellas, ustedes) | vivieron |

**PRETÉRITO PERFECTO**

| | |
|---|---|
| (Yo) | he vivido |
| (Tú) | has vivido |
| (Él, ella, usted) | ha vivido |
| (Nosotros/as) | hemos vivido |
| (Vosotros/as) | habéis vivido |
| (Ellos, ellas, ustedes) | han vivido |

**INFINITIVO:** ESCRIBIR
**GERUNDIO:** ESCRIBIENDO
**PARTICIPIO:** ESCRITO

**PRESENTE INDICATIVO**

| | |
|---|---|
| (Yo) | escribo |
| (Tú) | escribes |
| (Él, ella, usted) | escribe |
| (Nosotros/as) | escribimos |
| (Vosotros/as) | escribís |
| (Ellos, ellas, ustedes) | escriben |

**PRETÉRITO INDEFINIDO**

| | |
|---|---|
| (Yo) | escribí |
| (Tú) | escribiste |
| (Él, ella, usted) | escribió |
| (Nosotros/as) | escribimos |
| (Vosotros/as) | escribisteis |
| (Ellos, ellas, ustedes) | escribieron |

**PRETÉRITO PERFECTO**

| | |
|---|---|
| (Yo) | he escrito |
| (Tú) | has escrito |
| (Él, ella, usted) | ha escrito |
| (Nosotros/as) | hemos escrito |
| (Vosotros/as) | habéis escrito |
| (Ellos, ellas, ustedes) | han escrito |

# • verbos Pronominales

**INFINITIVO:** LLAMARSE
**GERUNDIO:** LLAMÁNDOSE
**PARTICIPIO:** LLAMADO

**PRESENTE INDICATIVO**

| | |
|---|---|
| (Yo) | me llamo |
| (Tú) | te llamas |
| (Él, ella, usted) | se llama |
| (Nosotros/as) | nos llamamos |
| (Vosotros/as) | os llamáis |
| (Ellos, ellas, ustedes) | se llaman |

## PRETÉRITO INDEFINIDO

| | |
|---|---|
| (Yo) | me llamé |
| (Tú) | te llamaste |
| (Él, ella, usted) | se llamó |
| (Nosotros/as) | nos llamamos |
| (Vosotros/as) | os llamasteis |
| (Ellos, ellas, ustedes) | se llamaron |

## PRETÉRITO PERFECTO

| | |
|---|---|
| (Yo) | me he llamado |
| (Tú) | te has llamado |
| (Él, ella, usted) | se ha llamado |
| (Nosotros/as) | nos hemos llamado |
| (Vosotros/as) | os habéis llamado |
| (Ellos, ellas, ustedes) | se han llamado |

---

**INFINITIVO:** BAÑARSE
**GERUNDIO:** BAÑÁNDOSE
**PARTICIPIO:** BAÑADO

## PRESENTE INDICATIVO

| | |
|---|---|
| (Yo) | me baño |
| (Tú) | te bañas |
| (Él, ella, usted) | se baña |
| (Nosotros/as) | nos bañamos |
| (Vosotros/as) | os bañáis |
| (Ellos, ellas, ustedes) | se bañan |

## PRETÉRITO INDEFINIDO

| | |
|---|---|
| (Yo) | me bañé |
| (Tú) | te bañaste |
| (Él, ella, usted) | se bañó |
| (Nosotros/as) | nos bañamos |
| (Vosotros/as) | os bañasteis |
| (Ellos, ellas, ustedes) | se bañaron |

## PRETÉRITO PERFECTO

| | |
|---|---|
| (Yo) | me he bañado |
| (Tú) | te has bañado |
| (Él, ella, usted) | se ha bañado |
| (Nosotros/as) | nos hemos bañado |
| (Vosotros/as) | os habéis bañado |
| (Ellos, ellas, ustedes) | se han bañado |

# 3. Irregulares
## • e>ie

**INFINITIVO:** EMPEZAR
**GERUNDIO:** EMPEZANDO
**PARTICIPIO:** EMPEZADO

## PRESENTE INDICATIVO

| | |
|---|---|
| (Yo) | empiezo |
| (Tú) | empiezas |
| (Él, ella, usted) | empieza |
| (Nosotros/as) | empezamos |
| (Vosotros/as) | empezáis |
| (Ellos, ellas, ustedes) | empiezan |

## PRETÉRITO INDEFINIDO

| | |
|---|---|
| (Yo) | empecé |
| (Tú) | empezaste |
| (Él, ella, usted) | empezó |
| (Nosotros/as) | empezamos |
| (Vosotros/as) | empezasteis |
| (Ellos, ellas, ustedes) | empezaron |

## PRETÉRITO PERFECTO

| | |
|---|---|
| (Yo) | he empezado |
| (Tú) | has empezado |
| (Él, ella, usted) | ha empezado |
| (Nosotros/as) | hemos empezado |
| (Vosotros/as) | habéis empezado |
| (Ellos, ellas, ustedes) | han empezado |

---

**INFINITIVO:** MERENDAR
**GERUNDIO:** MERENDANDO
**PARTICIPIO:** MERENDADO

## PRESENTE INDICATIVO

| | |
|---|---|
| (Yo) | meriendo |
| (Tú) | meriendas |
| (Él, ella, usted) | merienda |
| (Nosotros/as) | merendamos |
| (Vosotros/as) | merendáis |
| (Ellos, ellas, ustedes) | meriendan |

## PRETÉRITO INDEFINIDO

| | |
|---|---|
| (Yo) | merendé |
| (Tú) | merendaste |
| (Él, ella, usted) | merendó |
| (Nosotros/as) | merendamos |
| (Vosotros/as) | merendasteis |
| (Ellos, ellas, ustedes) | merendaron |

## PRETÉRITO PERFECTO

| | |
|---|---|
| (Yo) | he merendado |
| (Tú) | has merendado |
| (Él, ella, usted) | ha merendado |
| (Nosotros/as) | hemos merendado |
| (Vosotros/as) | habéis merendado |
| (Ellos, ellas, ustedes) | han merendado |

# • o>ue

**INFINITIVO:** VOLVER
**GERUNDIO:** VOLVIENDO
**PARTICIPIO:** VUELTO

## PRESENTE INDICATIVO

| | |
|---|---|
| (Yo) | vuelvo |
| (Tú) | vuelves |
| (Él, ella, usted) | vuelve |
| (Nosotros/as) | volvemos |
| (Vosotros/as) | volvéis |
| (Ellos, ellas, ustedes) | vuelven |

## PRETÉRITO INDEFINIDO

| | |
|---|---|
| (Yo) | volví |
| (Tú) | volviste |
| (Él, ella, usted) | volvió |
| (Nosotros/as) | volvimos |
| (Vosotros/as) | volvisteis |
| (Ellos, ellas, ustedes) | volvieron |

## PRETÉRITO PERFECTO

| | |
|---|---|
| (Yo) | he vuelto |
| (Tú) | has vuelto |
| (Él, ella, usted) | ha vuelto |
| (Nosotros/as) | hemos vuelto |
| (Vosotros/as) | habéis vuelto |
| (Ellos, ellas, ustedes) | han vuelto |

---

**INFINITIVO:** ACOSTARSE
**GERUNDIO:** ACOSTÁNDOSE
**PARTICIPIO:** ACOSTADO

## PRESENTE INDICATIVO

| | |
|---|---|
| (Yo) | me acuesto |
| (Tú) | te acuestas |
| (Él, ella, usted) | se acuesta |
| (Nosotros/as) | nos acostamos |
| (Vosotros/as) | os acostáis |
| (Ellos, ellas, ustedes) | se acuestan |

## PRETÉRITO INDEFINIDO

| | |
|---|---|
| (Yo) | me acosté |
| (Tú) | te acostaste |
| (Él, ella, usted) | se acostó |
| (Nosotros/as) | nos acostamos |
| (Vosotros/as) | os acostasteis |
| (Ellos, ellas, ustedes) | se acostaron |

## PRETÉRITO PERFECTO

| | |
|---|---|
| (Yo) | me he acostado |
| (Tú) | te has acostado |
| (Él, ella, usted) | se ha acostado |
| (Nosotros/as) | nos hemos acostado |
| (Vosotros/as) | os habéis acostado |
| (Ellos, ellas, ustedes) | se han acostado |

# • e>i

**INFINITIVO:** SEGUIR
**GERUNDIO:** SIGUIENDO
**PARTICIPIO:** SEGUIDO

## PRESENTE INDICATIVO

| | |
|---|---|
| (Yo) | sigo |
| (Tú) | sigues |
| (Él, ella, usted) | sigue |
| (Nosotros/as) | seguimos |
| (Vosotros/as) | seguís |
| (Ellos, ellas, ustedes) | siguen |

## PRETÉRITO INDEFINIDO

| | |
|---|---|
| (Yo) | seguí |
| (Tú) | seguiste |
| (Él, ella, usted) | siguió |
| (Nosotros/as) | seguimos |
| (Vosotros/as) | seguisteis |
| (Ellos, ellas, ustedes) | siguieron |

## PRETÉRITO PERFECTO

| | |
|---|---|
| (Yo) | he seguido |
| (Tú) | has seguido |
| (Él, ella, usted) | ha seguido |
| (Nosotros/as) | hemos seguido |
| (Vosotros/as) | habéis seguido |
| (Ellos, ellas, ustedes) | han seguido |

---

**INFINITIVO:** VESTIRSE
**GERUNDIO:** VISTIÉNDOSE
**PARTICIPIO:** VESTIDO

## PRESENTE INDICATIVO

| | |
|---|---|
| (Yo) | me visto |
| (Tú) | te vistes |
| (Él, ella, usted) | se viste |
| (Nosotros/as) | nos vestimos |
| (Vosotros/as) | os vestís |
| (Ellos, ellas, ustedes) | se visten |

## PRETÉRITO INDEFINIDO

| | |
|---|---|
| (Yo) | me vestí |
| (Tú) | te vestiste |
| (Él, ella, usted) | se vistió |
| (Nosotros/as) | nos vestimos |
| (Vosotros/as) | os vestisteis |
| (Ellos, ellas, ustedes) | se vistieron |

## PRETÉRITO PERFECTO

| | |
|---|---|
| (Yo) | me he vestido |
| (Tú) | te has vestido |
| (Él, ella, usted) | se ha vestido |
| (Nosotros/as) | nos hemos vestido |
| (Vosotros/as) | os habéis vestido |
| (Ellos, ellas, ustedes) | se han vestido |

## • u>ue

**INFINITIVO:** JUGAR
**GERUNDIO:** JUGANDO
**PARTICIPIO:** JUGADO

## PRESENTE INDICATIVO

| | |
|---|---|
| (Yo) | juego |
| (Tú) | juegas |
| (Él, ella, usted) | juega |
| (Nosotros/as) | jugamos |
| (Vosotros/as) | jugáis |
| (Ellos, ellas, ustedes) | juegan |

## PRETÉRITO INDEFINIDO

| | |
|---|---|
| (Yo) | jugué |
| (Tú) | jugaste |
| (Él, ella, usted) | jugó |
| (Nosotros/as) | jugamos |
| (Vosotros/as) | jugasteis |
| (Ellos, ellas, ustedes) | jugaron |

## PRETÉRITO PERFECTO

| | |
|---|---|
| (Yo) | he jugado |
| (Tú) | has jugado |
| (Él, ella, usted) | ha jugado |
| (Nosotros/as) | hemos jugado |
| (Vosotros/as) | habéis jugado |
| (Ellos, ellas, ustedes) | han jugado |

# 4. Otros verbos Irregulares

**INFINITIVO:** CONOCER
**GERUNDIO:** CONOCIENDO
**PARTICIPIO:** CONOCIDO

## PRESENTE INDICATIVO

| | |
|---|---|
| (Yo) | conozco |
| (Tú) | conoces |
| (Él, ella, usted) | conoce |
| (Nosotros/as) | conocemos |
| (Vosotros/as) | conocéis |
| (Ellos, ellas, ustedes) | conocen |

## PRETÉRITO INDEFINIDO

| | |
|---|---|
| (Yo) | conocí |
| (Tú) | conociste |
| (Él, ella, usted) | conoció |
| (Nosotros/as) | conocimos |
| (Vosotros/as) | conocisteis |
| (Ellos, ellas, ustedes) | conocieron |

## PRETÉRITO PERFECTO

| | |
|---|---|
| (Yo) | he conocido |
| (Tú) | has conocido |
| (Él, ella, usted) | ha conocido |
| (Nosotros/as) | hemos conocido |
| (Vosotros/as) | habéis conocido |
| (Ellos, ellas, ustedes) | han conocido |

**INFINITIVO:** DECIR
**GERUNDIO:** DICIENDO
**PARTICIPIO:** DICHO

## PRESENTE INDICATIVO

| | |
|---|---|
| (Yo) | digo |
| (Tú) | dices |
| (Él, ella, usted) | dice |
| (Nosotros/as) | decimos |
| (Vosotros/as) | decís |
| (Ellos, ellas, ustedes) | dicen |

## PRETÉRITO INDEFINIDO

| | |
|---|---|
| (Yo) | dije |
| (Tú) | dijiste |
| (Él, ella, usted) | dijo |
| (Nosotros/as) | dijimos |
| (Vosotros/as) | dijisteis |
| (Ellos, ellas, ustedes) | dijeron |

## PRETÉRITO PERFECTO

| | |
|---|---|
| (Yo) | he dicho |
| (Tú) | has dicho |
| (Él, ella, usted) | ha dicho |
| (Nosotros/as) | hemos dicho |
| (Vosotros/as) | habéis dicho |
| (Ellos, ellas, ustedes) | han dicho |

---

**INFINITIVO:** HACER
**GERUNDIO:** HACIENDO
**PARTICIPIO:** HECHO

## PRESENTE INDICATIVO

| | |
|---|---|
| (Yo) | hago |
| (Tú) | haces |
| (Él, ella, usted) | hace |
| (Nosotros/as) | hacemos |
| (Vosotros/as) | hacéis |
| (Ellos, ellas, ustedes) | hacen |

## PRETÉRITO INDEFINIDO

| | |
|---|---|
| (Yo) | hice |
| (Tú) | hiciste |
| (Él, ella, usted) | hizo |
| (Nosotros/as) | hicimos |
| (Vosotros/as) | hicisteis |
| (Ellos, ellas, ustedes) | hicieron |

## PRETÉRITO PERFECTO

| | |
|---|---|
| (Yo) | he hecho |
| (Tú) | has hecho |
| (Él, ella, usted) | ha hecho |
| (Nosotros/as) | hemos hecho |
| (Vosotros/as) | habéis hecho |
| (Ellos, ellas, ustedes) | han hecho |

---

**INFINITIVO:** IR
**GERUNDIO:** YENDO
**PARTICIPIO:** IDO

## PRESENTE INDICATIVO

| | |
|---|---|
| (Yo) | voy |
| (Tú) | vas |
| (Él, ella, usted) | va |
| (Nosotros/as) | vamos |
| (Vosotros/as) | vais |
| (Ellos, ellas, ustedes) | van |

## PRETÉRITO INDEFINIDO

| | |
|---|---|
| (Yo) | fui |
| (Tú) | fuiste |
| (Él, ella, usted) | fue |
| (Nosotros/as) | fuimos |
| (Vosotros/as) | fuisteis |
| (Ellos, ellas, ustedes) | fueron |

## PRETÉRITO PERFECTO

| | |
|---|---|
| (Yo) | he ido |
| (Tú) | has ido |
| (Él, ella, usted) | ha ido |
| (Nosotros/as) | hemos ido |
| (Vosotros/as) | habéis ido |
| (Ellos, ellas, ustedes) | han ido |

---

**INFINITIVO:** LEER
**GERUNDIO:** LEYENDO
**PARTICIPIO:** LEÍDO

## PRESENTE INDICATIVO

| | |
|---|---|
| (Yo) | leo |
| (Tú) | lees |
| (Él, ella, usted) | lee |
| (Nosotros/as) | leemos |
| (Vosotros/as) | leéis |
| (Ellos, ellas, ustedes) | leen |

## PRETÉRITO INDEFINIDO

| | |
|---|---|
| (Yo) | leí |
| (Tú) | leíste |
| (Él, ella, usted) | leyó |
| (Nosotros/as) | leímos |
| (Vosotros/as) | leísteis |
| (Ellos, ellas, ustedes) | leyeron |

## PRETÉRITO PERFECTO

| | |
|---|---|
| (Yo) | he leído |
| (Tú) | has leído |
| (Él, ella, usted) | ha leído |
| (Nosotros/as) | hemos leído |
| (Vosotros/as) | habéis leído |
| (Ellos, ellas, ustedes) | han leído |

---

**INFINITIVO:** PODER
**GERUNDIO:** PUDIENDO
**PARTICIPIO:** PODIDO

## PRESENTE INDICATIVO

| | |
|---|---|
| (Yo) | puedo |
| (Tú) | puedes |
| (Él, ella, usted) | puede |
| (Nosotros/as) | podemos |
| (Vosotros/as) | podéis |
| (Ellos, ellas, ustedes) | pueden |

## PRETÉRITO INDEFINIDO

| | |
|---|---|
| (Yo) | pude |
| (Tú) | pudiste |
| (Él, ella, usted) | pudo |
| (Nosotros/as) | pudimos |
| (Vosotros/as) | pudisteis |
| (Ellos, ellas, ustedes) | pudieron |

## PRETÉRITO PERFECTO

| | |
|---|---|
| (Yo) | he podido |
| (Tú) | has podido |
| (Él, ella, usted) | ha podido |
| (Nosotros/as) | hemos podido |
| (Vosotros/as) | habéis podido |
| (Ellos, ellas, ustedes) | han podido |

## PRETÉRITO INDEFINIDO

| | |
|---|---|
| (Yo) | tuve |
| (Tú) | tuviste |
| (Él, ella, usted) | tuvo |
| (Nosotros/as) | tuvimos |
| (Vosotros/as) | tuvisteis |
| (Ellos, ellas, ustedes) | tuvieron |

## PRETÉRITO PERFECTO

| | |
|---|---|
| (Yo) | he tenido |
| (Tú) | has tenido |
| (Él, ella, usted) | ha tenido |
| (Nosotros/as) | hemos tenido |
| (Vosotros/as) | habéis tenido |
| (Ellos, ellas, ustedes) | han tenido |

**INFINITIVO:** PONER
**GERUNDIO:** PONIENDO
**PARTICIPIO:** PUESTO

## PRESENTE INDICATIVO

| | |
|---|---|
| (Yo) | pongo |
| (Tú) | pones |
| (Él, ella, usted) | pone |
| (Nosotros/as) | ponemos |
| (Vosotros/as) | ponéis |
| (Ellos, ellas, ustedes) | ponen |

## PRETÉRITO INDEFINIDO

| | |
|---|---|
| (Yo) | puse |
| (Tú) | pusiste |
| (Él, ella, usted) | puso |
| (Nosotros/as) | pusimos |
| (Vosotros/as) | pusisteis |
| (Ellos, ellas, ustedes) | pusieron |

## PRETÉRITO PERFECTO

| | |
|---|---|
| (Yo) | he puesto |
| (Tú) | has puesto |
| (Él, ella, usted) | ha puesto |
| (Nosotros/as) | hemos puesto |
| (Vosotros/as) | habéis puesto |
| (Ellos, ellas, ustedes) | han puesto |

**INFINITIVO:** TENER
**GERUNDIO:** TENIENDO
**PARTICIPIO:** TENIDO

## PRESENTE INDICATIVO

| | |
|---|---|
| (Yo) | tengo |
| (Tú) | tienes |
| (Él, ella, usted) | tiene |
| (Nosotros/as) | tenemos |
| (Vosotros/as) | tenéis |
| (Ellos, ellas, ustedes) | tienen |

**INFINITIVO:** VER
**GERUNDIO:** VIENDO
**PARTICIPIO:** VISTO

## PRESENTE INDICATIVO

| | |
|---|---|
| (Yo) | veo |
| (Tú) | ves |
| (Él, ella, usted) | ve |
| (Nosotros/as) | vemos |
| (Vosotros/as) | veis |
| (Ellos, ellas, ustedes) | ven |

## PRETÉRITO INDEFINIDO

| | |
|---|---|
| (Yo) | vi |
| (Tú) | viste |
| (Él, ella, usted) | vio |
| (Nosotros/as) | vimos |
| (Vosotros/as) | visteis |
| (Ellos, ellas, ustedes) | vieron |

## PRETÉRITO PERFECTO

| | |
|---|---|
| (Yo) | he visto |
| (Tú) | has visto |
| (Él, ella, usted) | ha visto |
| (Nosotros/as) | hemos visto |
| (Vosotros/as) | habéis visto |
| (Ellos, ellas, ustedes) | han visto |

# Glosario

| ESPAÑOL | ITALIANO | FRANCÉS | INGLÉS | ALEMÁN | PORTUGUÉS |
|---------|----------|---------|--------|--------|-----------|
| **UNIDAD 1** | **UNIDAD 1** | **UNIDAD 1** | **UNIDAD 1** | **UNIDAD 1** | **UNIDAD 1** |
| abril | aprile | avril | april | April | abril |
| adiós | ciao, arrivederci | au revoir | good-bye | auf Wiedersehen | Tchau, adeus |
| agosto | agosto | août | august | August | agosto |
| año (el) | anno | année | year | Jahr | ano |
| apellido (el) | cognome | nom de famille | surname | Familienname | sobrenome |
| beso (el) | bacio | baiser | kiss | Kuss | beijo |
| buenas noches | buonanotte | bonne nuit | good evening/night | guten Abend | boa noite |
| buenas tardes | buonasera | bonsoir | good afternoon | guten Tag | boa tarde |
| buenos días | buongiorno | bonjour | good morning | guten Morgen | bom dia |
| cumpleaños (el) | compleanno | anniversaire | birthday | Geburtstag | aniversário |
| cumplir (años) | compiere | fêter son anniversaire | to reach the age of | Geburtstag feiern | fazer aniversario |
| despedirse | accomiatarsi da | dire au revoir | to say goodbye | s.verabschieden | despedir-se |
| día (el) | giorno | jour | day | Tag | dia |
| diciembre | dicembre | décembre | december | Dezember | dezembro |
| domingo (el) | domenica | dimanche | Sunday | Sonntag | domingo |
| edad (la) | età | âge | age | Alter | idade |
| enero | gennaio | janvier | january | Januar | janeiro |
| estación (del año) (la) | stagione | saison | season | Jahreszeit | estação |
| febrero | febbraio | février | february | Februar | fevereiro |
| fecha (la) | data | date | date | Datum | data |
| fecha de nacimiento (la) | data di nascita | date de naissance | date of birth | Geburtsdatum | data de nascimento |
| hasta luego | arrivederci, a più tardi | à tout à l'heure | see you soon | bis nachher | até logo |
| hemisferio (el) | emisfero | hémisphère | hemisphere | Halbkugel | hemisfério |
| hola | ciao | salut | hello | hallo | olá, oi |
| invierno (el) | inverno | hiver | winter | Winter | inverno |
| jueves (el) | giovedì | jeudi | Thursday | Donnerstag | quinta-feira |
| julio | luglio | juillet | july | Juli | julho |
| junio | giugno | juin | june | Juni | junho |
| llamarse | chiamarsi | s'appeler | to be named | heissen | chamar-se |
| lunes (el) | lunedì | lundi | Monday | Montag | segunda-feira |
| martes (el) | martedì | mardi | Tuesday | Dienstag | terça-feira |
| marzo | marzo | mars | march | März | março |
| mayo | maggio | mai | may | Mai | maio |
| mes (el) | mese | mois | month | Monat | mês |
| miércoles (el) | mercoledì | mercredi | Wednesday | Mittwoch | quarta-feira |
| nacionalidad (la) | nazionalità | nationalité | nationality | Nationalität | nacionalidade |
| nombre (el) | nome | prénom | name | Name | nome |
| noviembre | novembre | novembre | november | November | novembro |
| octubre | ottobre | octobre | october | Oktober | outubro |
| otoño (el) | autunno | automne | autumn (UK), fall (USA) | Herbst | outono |
| planeta (el) | pianeta | planète | planet | Planet | planeta |
| presentarse | presentarsi | se présenter | to introduce one self | vorstellen | apresentar-se |
| primavera (la) | primavera | printemps | spring | Frühling | primavera |
| profesor/-a (el, la) | professore | professeur | teacher | Lehrer | professor |
| sábado (el) | sabato | samedi | Saturday | Samstag | sábado |
| saludar | salutare | dire bonjour | to greet | grüssen | cumprimentar |
| semana (la) | settimana | semaine | week | Woche | semana |
| septiembre | settembre | septembre | september | September | setembro |
| ser | essere | être | to be | sein | ser |
| también | anche | aussi | also | auch | também |
| tener | avere | avoir | to have | haben | ter |
| verano (el) | estate | été | summer | Sommer | verão |
| viernes (el) | venerdì | vendredi | Friday | Freitag | sexta-feira |
| y | e | et | and | und | e |

| ESPAÑOL | ITALIANO | FRANCÉS | INGLÉS | ALEMÁN | PORTUGUÉS |
|---|---|---|---|---|---|
| **UNIDAD 2** | **UNIDAD 2** | **UNIDAD 2** | **UNIDAD 2** | **UNIDAD 2** | **UNIDAD 2** |
| alumno/a (el, la) | alunno/a | élève | pupil | Schüler | aluno |
| amarillo/a | giallo/a | jaune | yellow | gelb | amarelo |
| aprender | imparare | apprendre | to learn | lernen | aprender |
| aula (el) | aula | salle de classe | classroom | Klassenzimmer | sala de aula |
| azul | azzurro, blu | bleu | blue | blau | azul |
| blanco/a | bianco/a | blanc/-che | white | weiss | branco |
| bolígrafo (el) | penna a sfera | stylo | pen | Kugelschreiber | caneta |
| cantar | cantare | chanter | to sing | singen | cantar |
| casete (el) | cassetta | cassette | cassette | Cassette | fita |
| clase (la) | lezione | classe | class | Klasse | a aula |
| color (el) | colore | couleur | colour | Farbe | cor |
| compás (el) | compasso | compas | compass | Zirkel | compasso |
| comprender | capire | comprendre | to understand | verstehen | compreender |
| conjugar | coniugare | conjuguer | to conjugate | konjugieren | conjugar |
| contestar | rispondere | répondre | to answer | antworten | responder |
| cuaderno (el) | quaderno | cahier | exercice book | Heft | caderno |
| describir | descrivere | décrire | to describe | beschreiben | descrever |
| dibujar | disegnare | dessiner | to draw | zeichnen | desenhar |
| ejercicio (el) | esercizio | exercice | exercice book | Übung | exercício |
| escribir | scrivere | écrire | to write | schreiben | escrever |
| escuchar | ascoltare | écouter | to listen | zuhören | escutar |
| estuche (el) | astuccio | trousse | case | Futteral | estojo |
| examen (el) | esame | examen | exam | Prüfung | exame |
| foto (la) | foto | photo | photograph | Aufnahme | foto |
| goma (la) | gomma | gomme | rubber | Radiergummi | borracha |
| gris | grigio | gris | grey | grau | cinza |
| hacer | fare | faire | to do, to make | machen | fazer |
| lápiz (el) | matita | crayon de couleur | pencil | Bleistift | lápis de cor |
| lección (la) | lezione | leçon | lesson | Lektion | lição |
| leer | leggere | lire | to read | lesen | ler |
| libro (el) | libro | livre | book | Buch | livro |
| mapa (el) | carta geografica | carte | map | Landkarte | mapa |
| marrón | marrone | marron | brown | braun | marrom |
| mesa (la) | tavola | table | table | Tisch | mesa |
| microscopio (el) | microscopio | microscope | microscope | Mikroskop | microscópio |
| mochila (la) | zaino | sac à dos | rucksack | Rucksack | mochila |
| naranja | arancia | orange | orange | orange | laranja |
| negro/a | nero/a | noir | black | schwarz | preto |
| ordenador (el) | computer | ordinateur | computer | Computer | computador |
| papelera (la) | cestino | corbeille à papier | waste-paper | Papeirkorb | cesto de lixo |
| pegamento (el) | colla | colle | glue | Klebstoff | cola |
| pizarra (la) | lavagna | tableau | blackboard | Schifertafel | quadro negro |
| poesía (la) | poesia | poésie | poetry | Poesie | poesia |
| pregunta (la) | domanda | question | cuestion | Frage | pergunta |
| preguntar | domandare | poser des questions | to question | fragen | perguntar |
| recitar | recitare | réciter | to recite | rezitieren | recitar |
| regla (la) | regola | règle | rule | Regel | régua |
| responder | rispondere | répondre | to answer | antworten | responder |
| respuesta | riposta | réponse | answer | Antwort | resposta |
| rojo/a | rosso/a | rouge | red | rot | vermelho |
| rosa | rosa | rose | pink | rosa | cor de rosa |
| rotulador (el) | pennarello | feutre | felt-tipped pen | Filzstift | marcador |
| sacapuntas (el) | temperamatite | taille-crayon | pencil sharpe | Bleistiftanspitzer | apontador |
| silla (la) | sedia | chaise | chair | Stuhl | cadeira |
| texto (el) | testo | texte | text | Text | texto |
| tijeras (las) | forbici | ciseaux | scissors | Schere | tesoura |
| trabajar | lavorare | travailler | to work | arbeiten | trabalhar |
| verbo (el) | verbo | verbe | verb | Zeitwort | verbo |
| verde | verde | vert | green | grün | verde |
| violeta | viola | violet | violet | violett | lilás, violáceo |

| ESPAÑOL | ITALIANO | FRANCÉS | INGLÉS | ALEMÁN | PORTUGUÉS |
|---|---|---|---|---|---|
| **UNIDAD 3** | **UNIDAD 3** | **UNIDAD 3** | **UNIDAD 3** | **UNIDAD 3** | **UNIDAD 3** |
| aburrido/a | noioso/a | ennuyeux/-euse | boring | langweilig | chateado |
| acostarse | coricarsi | se coucher | to go to bed | zu Bett gehen | deitar-se |
| amigo/a (el, la) | amico/a | ami | friend | Freund | amigo |
| asignatura (la) | materia | matière | subject | Lehrfach | matéria |
| bañarse | bagnarsi | se baigner | to take a bath | sich baden | tomar banho |
| bicicleta (la) | bicicletta | bicyclette | bicycle | Fahrrad | bicicleta |
| caminar | camminare | marcher | to walk | wandern | caminhar |
| casa (la) | casa | maison | house | Haus | casa |
| cenar | cenare | dîner | to have dinner | zu Abend essen | jantar |
| colegio (el) | scuola elementare | collège | school | Schule | colégio |
| comer | mangiare | manger | to eat | essen | almoçar |
| decir | dire | dire | to say | sagen | dizer, falar |
| deporte (el) | sport | sport | sport | Sport | esporte |
| desayuno (el) | colazione | petit déjeuner | breakfast | Frühstück | café da manha |
| despertarse | svegliarsi | se réveiller | to wake up | aufwachen | acordar |
| dibujo (el) | disegno | dessin | drawing | Zeichnung | desenho |
| divertido/a | allegro/a, divertente | amusant | funny | lustig | divertido |
| dormir | dormire | dormir | to sleep | schlafen | dormir |
| ducharse | farsi la doccia | se doucher | to have a shower | duschen | tomar banho |
| empezar | iniziare | commencer | to begin | anfangen | começar |
| estudiar | studiare | étudier | to study | studieren | estudar |
| fácil | facile | facile | easy | einfach | fácil |
| geografía (la) | geografia | géographie | geography | Erdkunde | geografia |
| gustar | piacere | aimer | to like | gefallen | gostar |
| historia (la) | storia | histoire | story | geschichte | história |
| hora (la) | ora | heure | hour | Uhr | hora |
| horario (el) | orario | emploi du temps | timetable | Stundenplan | horário |
| interesante | interessante | intéressant | interesting | interessant | interessante |
| instituto (el) | istituto, liceo | lycée | high school | Gymnasium | instituto |
| ir | andare | aller | to go | gehen | ir |
| jugar | giocare | jouer | to play | spielen | brincar |
| lavarse | lavarsi | se laver | to wash | sich waschen | lavar-se |
| levantarse | alzarsi | se lever | to get up | aufstehen | levantar-se |
| llegar | arrivare | arriver | to arrive | ankommen | chegar |
| mañana (la) | domani | matin | morning | Morgen | manhã |
| merendar | fare merenda | goûter | to have tea | vespern | fazer lanche |
| música (la) | musica | musique | music | Musik | música |
| noche (la) | notte | nuit | night | Nacht | noite |
| peinarse | pettinarsi | se peigner | to come one's hair | sich kämmen | pentear-se |
| perro/a (el, la) | cane | chien | dog | Hund | cachorro |
| reloj (el) | orologio | montre | clock | Uhr | relógio |
| salir | uscire | sortir | to leave | herausgehen | sair |
| semana (la) | settimana | semaine | week | woche | por semana |
| también | anche | aussi | also, too | auch | também |
| tarde (la) | pomeriggio | après-midi | afternoon | Nachmittag | à tarde |
| tomar | prendere | prendre quelque chose | to take | nehmen | pegar una cosa, beber |
| útil | utile | utile | useful | nützlich | útil |
| vestirse | vestirsi | s'habiller | to get dressed | sich anziehen | vestir-se |
| volver | ritornare | revenir/retourner | to return | zurückkommen | voltar |
| **UNIDAD 4** | **UNIDAD 4** | **UNIDAD 4** | **UNIDAD 4** | **UNIDAD 4** | **UNIDAD 4** |
| abuelo/a (el, la) | nonno/a | grand-père/mère | grandfather/mother | Grossvater/-mutter | avô (o), avó (a) |
| actor (el)/actriz (la) | attore/attrice | acteur | actor | Schauspieler/-in | ator/atriz |
| animal (el) | animale | animal | animal | Tier | animal |
| alto/a | alto/a | grand | tall | hoch, gross | alto |
| bajo/a | basso/a | petit | short | klein, niedrig | baixo |
| barba (la) | barba | barbe | beard | Bart | barba |
| bigote (el) | baffo | moustache | moustache | Schnurrbart | bigode |
| boca (la) | bocca | bouche | mouth | Mund | boca |
| brazo (el) | braccio | bras | arm | Arm | braço |
| cabeza (la) | testa | tête | head | Kopf | cabeça |
| calvo/a | calvo | chauve | bold | kahlköpfig | careca |
| cantante (el, la) | cantante | chanteur | singer | Sänger/-in | cantor |

| ESPAÑOL | ITALIANO | FRANCÉS | INGLÉS | ALEMÁN | PORTUGUÉS |
|---------|----------|---------|--------|--------|-----------|
| corto/a | corto/a | court | short | kurz | curto |
| delgado/a | magro/a | mince | thin | dünn | magro |
| deportista (el, la) | sportivo | sportif/-ve | sportsman | sportler/-in | esportista |
| familia (la) | famiglia | famille | family | Familie | família |
| gafas (las) | occhiali | lunettes | glasses | Brille | óculos |
| gato/a (el, la) | gatto | chat | cat | Katze | gato |
| gordo/a | grasso/a | gros | fat | dick | gordo |
| hermano/a (el, la) | fratello/sorella | frère/soeur | brother/sister | Bruder/Schwester | irmão/irmã |
| hijo/a (el, la) | figlio/a | fils/fille | son/daughter | Sohn/Tochter | filho/a |
| hombre (el) | uomo | homme | man | Mann | homem |
| increíble | incredibile | incroyable | incredible | unglaublich | incrível |
| joven | giovane | jeune | young | jung | jovem |
| largo/a | lungo/a | long | long | lang | longo |
| liso/a | liscio/a | raide | straight | glatt | liso |
| llevar | portare | porter | to take | tragen | levar |
| madre (la) | madre | mère | mother | Mutter | mãe |
| mano (la) | mano | main | hand | Hand | mão |
| marido (el) | marito | mari | husband | Ehermann | marido |
| moreno/a | moro, bruno | brun | dark | dunkelhaarig | moreno |
| mujer (la) | donna, moglie | femme | woman, wife | Frau, Ehefrau | mulher, esposa |
| nieto/a (el, la) | nipote | petit-fils/petite-fille | grandson | Enkel | neto |
| ojo (el) | occhio | oeil | eye | Auge | olho |
| oreja (la) | orecchio | oreille | ear | Ohr | orelha |
| padre (el) | padre | père | father | Vater | pai |
| padres (los) | genitori | parents | parents | Eltern | pais |
| pandilla (la) | gruppo, comitiva | bande (copains) | group | Bande | turma, galera |
| pie (el) | piede | pied | foot | Fuss | pé |
| pequeño/a | piccolo/a | petit | small | klein | pequeno/a |
| pelo (el) | capelli, pelo | cheveux | hair | Haar | pelo |
| persona (la) | persona | personne | person | Person | pessoa |
| pez (el) | pesce | poisson | fish | Fisch | peixe |
| primo/a (el, la) | cugino/a | cousin | cousin | Vetter | primo |
| rizado/a | arricciato/a | frisé | curly | kraus | enrolado |
| rubio/a | biondo/a | blond | blond | blond | loiro |
| sobrino/a (el, la) | nipote | neveu/nièce | nephew | Neffe | sobrinho |
| tierra (la) | terra | terre | earth | Erde | terra |
| tío/a (el, la) | zio/a | oncle/tante | uncle/aunt | Onkel/Tante | tio |
| viejo/a | vecchio | vieux/vieille | old | alt | velho/a |

| UNIDAD 5 | UNIDAD 5 | UNIDAD 5 | UNIDAD 5 | UNIDAD 5 | UNIDAD 5 |
|----------|----------|----------|----------|----------|-----------|
| abrir | aprire | ouvrir | to open | öffnen | abrir |
| acuario (el) | acquario | aquarium | aquarium | Aquarium | aquário |
| agua (el) | acqua | eau | water | Wasser | água |
| al lado (de) | accanto a | à côté de | beside | neben | ao lado |
| al principio | al principio di | au début | beginning | am Anfang | a princípio |
| antílope (el) | antilope | antilope | antelope | Antilope | antílope |
| árbol (el) | albero | arbre | tree | Baum | árvore |
| aventura (la) | avventura | aventure | adventure | Abenteuer | aventura |
| bastante | sufficiente | assez | enough | ziemlich | bastante |
| bocadillo (el) | panino | sandwich | submarine sandwich | sandwich | sanduíche |
| cabra (la) | capra | chèvre | goat | Ziege | cabra |
| campo (el) | campagna | campagne | field, country | Feld | campo |
| cebra (la) | zebra | zèbre | zebra | Zebra | zebra |
| cerca | vicino | près | near | nahe | perto, próximo |
| ciervo (el) | cervo | cerf | deer | Hirsch | cervo |
| cocodrilo (el) | coccodrillo | crocodile | crocodile | Krokodil | crocodilo |
| comprar | comprare | acheter | to buy | kaufen | comprar |
| concurso (el) | concorso | concours | competition | Wettbewerb | concurso |
| correr | correre | courir | to run | laufen | correr |
| cruzar | attraversare | traverser | to cross | durchkreuzen | atravessar |
| diente (el) | dente | dent | tooth | Zahn | dente |
| de nada | prego, non c'è diche | de rien | you're welcome | Bitte! | de nada |
| debajo (de) | sotto | sous | under | unten | debaixo |
| delante (de) | davanti | devant | in front of | vorn | em frente |

| ESPAÑOL | ITALIANO | FRANCÉS | INGLÉS | ALEMÁN | PORTUGUÉS |
|---------|----------|---------|--------|--------|-----------|
| delfín (el) | delfino | dauphin | dolphin | Delphin | delfim |
| derecha (la) | destra | droite | right | Rechte | direita |
| después | dopo | après | after | später, danach | depois |
| detrás (de) | dietro | derrière | behind | hinten | atrás |
| elefante (el) | elefante | éléphant | elephant | Elefant | elefante |
| encima (de) | sopra | dessus | upon, on | gegenüber | em cima |
| en frente | di fronte | en face | in front of | oben | de frente |
| entre | tra | entre | between | zwischen, unter | entre |
| enviar | inviare | envoyer | to send | senden | enviar |
| espectáculo (el) | spettacolo | spectacle | show | Schauspiel | espetáculo |
| fin de semana (el) | fine settimana | week-end | week-end | Wochenende | fim de semana |
| genial | geniale | génial | genial | genial | genial |
| girar | girare | tourner | to turn | abbiegen | girar |
| gorila (el) | gorilla | gorille | gorilla | Gorilla | gorila |
| granja (la) | fattoria | ferme | farm | Farm | granja |
| guía (el, la) | guida | guide | guide | Führer | guia |
| hierba (la) | erba | herbe | grass | Gras | erva |
| hipopótamo (el) | ippopotamo | hippopotame | hippopotamus | Flusspferd | hipopótamo |
| impresionante | impressionante | impressionant | impressive | erstaunlich | impressionante |
| ir | andare | aller | to go | gehen | ir |
| izquierda (la) | sinistra | gauche | left | Links | esquerda |
| jirafa (la) | giraffa | girafe | giraffe | Giraffe | girafa |
| leche (la) | latte | lait | milk | Milch | leite |
| lejos | lontano | loin | far | weit | longe |
| león (el)/leona (la) | leone | lion | lion | Löwe | leão |
| llegar | arrivare | arriver | to arrive | ankommen | chegar |
| lobo/a (el, la) | lupo | loup | wolf | Wolf | lobo |
| luego | dopo, subito | ensuite | later | nachher | logo, depois |
| medir | misurare | mesurer | to measure | messen | medir |
| mono/a (el, la) | scimmia | singe | monkey | Affe | macaco |
| mucho/a | molto/a | beaucoup | much | viel, sehr | muito |
| naturaleza (la) | natura | nature | nature | Natur | natureza |
| oso/a (el, la) | orso | ours | bear | Bär | urso |
| pan (el) | pane | pain | bread | Brot | pão |
| parque (el) | parco | parc | park | Park | parque |
| playa (la) | spiaggia | plage | beach | Strand | praia |
| poner | mettere | mettre | to put | legen | pôr |
| pueblo (el) | paese | village | village | Dorf | povoado |
| pronto | presto, subito | bientôt | soon | bald | rápido |
| próxima vez (la) | prossima volta | la prochaine fois | next time | nächste Mal | próxima vez |
| puente (el) | ponte | pont | bridge | Brücke | ponte |
| recortar | ritagliare | découper | to cut out | beschneiden | recortar |
| reno (el) | renna | renne | reindeer | Ren | rena |
| resumir | riassumere | résumer | to resume | auszugen | resumir |
| revista (la) | rivista | magazine | magazine | Magazin | revista |
| romper | rompere | casser | to break | brechen | romper |
| rinoceronte (el) | rinoceronte | rhinocéros | rhinoceros | Nashorn | rinoceronte |
| sacar fotos | scattare una fotografia | prendre des photos | take a picture | photographieren | tirar fotos |
| seguir recto | andare sempre dritto | continuer tout droit | to go straight | geradeaus gehen | sempre reto, em frente |
| suerte (la) | fortuna | chance | luck | Glück | sorte |
| también | anche | aussi | also | auch | também |
| tiburón (el) | squalo | requin | shark | Hai (fisch) | tubarão |
| tigre (el) | tigre | tigre | tiger | Tiger | tigre |
| ver | vedere | voir | to see | sehen | ver |
| viaje (el) | viaggio | voyage | trip | Reise | viagem |
| vida (la) | vita | vie | life | Leben | vida |
| volar | volare | voler | to fly | fliegen | voar |
| volver | ritornare | revenir, retourner | to return | zurückkommen | voltar |

| UNIDAD 6 | UNIDAD 6 | UNIDAD 6 | UNIDAD 6 | UNIDAD 6 | UNIDAD 6 |
|----------|----------|----------|----------|----------|----------|
| afectuoso/a | affettuoso/a | affectueux/-euse | affectionate | herzlich | afetuoso |
| alegre | allegro | joyeux | happy | fröhlich | alegre |
| apasionado/a | appassionato/a | passionné | passionate | leidenschaftlich | apaixonado |
| bailar | ballare | danser | to dance | tanzen | dançar |
| baloncesto (el) | pallacanestro | basket | basketball | Basketball | basquete |

| ESPAÑOL | ITALIANO | FRANCÉS | INGLÉS | ALEMÁN | PORTUGUÉS |
|---|---|---|---|---|---|
| cansado/a | stanco/a | fatigué | tired | müde | cansado |
| cara (la) | faccia, viso | visage | face | Gesicht | rosto |
| cariñoso/a | affettuoso/a | tendre | loving | liebevoll | carinhoso |
| cerrar | chiudere | fermer | to close | schliessen | fechar |
| contento/a | contento/a | content | happy | zufrieden | contente |
| cuidado | attenzione | attention | attention | Achtung | cuidado |
| deberes (los) | compito | devoirs | homework | Hausaufgaben | tarefas, deveres |
| descansar | riposare | se reposer | to have a rest | ruhen | descansar |
| educado/a | educato/a | poli | polite | gut erzeugen | educado |
| egoísta | egoista | égoiste | egoist | egoistich | egoísta |
| enamorado/a | innamorato/a | amoureux | to be in love | verliebt | apaixonado |
| enfadado/a | arrabbiato/a | en colère, fâché | to be angry | böse | enojado |
| envidioso/a | invidioso/a | envieux | envious | neidisch | envejozo |
| esperar | aspettare | attendre | to wait | warten | esperar |
| estudioso/a | studioso/a | studieux | studious | fleissig | estudioso |
| generoso/a | generoso/a | généreux | generous | grosszügig | generoso |
| gracioso/a | grazioso/a | marrant | funny | witzig | engraçado |
| guapo/a | bello/a | beau | handsome, pretty | hübsch | bonito |
| hablador/-a | chiacchierone/a | bavard | talkative | sprechend | falador |
| inteligente | intelligente | intelligent | intelligent | inteligent | inteligente |
| llorar | piangere | pleurer | to cry | weinen | chorar |
| ordenado/a | ordinato/a | ordonné | tidy | ordentlich | ordenado |
| orgulloso/a | orgoglioso/a | orgueilleux | proud | stolz | orgulhoso |
| ovalado/a | ovale | ovale | oval | oval | ovalado |
| perezoso/a | pigro/a | paresseux | lazy | faul | preguiçoso |
| puerta (la) | porta | porte | door | Für | porta |
| refresco (el) | bibita | boissen rafraîchis-sante | soft drink | kaltes Getränk | refrigerante |
| reservado/a | riservato/a | réservé | reserved | schüchtern | reservado |
| romántico/a | romantico/a | romantique | romantic | romantisch | romântico |
| simpático/a | simpatico/a | sympathique | nice | sympathisch | simpático |
| sociable | socievole | sociable | sociable | gesellig | sociável |
| tímido/a | timido/a | timide | shy | furchtsam | timide |
| trabajador/-a | lavoratore/lavoratrice | travailleur | hardworking | arbeitsam | trabalhador |
| triangular | triangolare | triangulaire | triangular | dreiecking | triangular |
| vago/a | pigro, fannullone | paresseux | lazy | faul | preguiçoso |
| ventana (la) | finestra | fenêtre | window | Fenster | janela |

| UNIDAD 7 | UNIDAD 7 | UNIDAD 7 | UNIDAD 7 | UNIDAD 7 | UNIDAD 7 |
|---|---|---|---|---|---|
| a menudo | di frequente, spesso | souvent | often | oft | amiúde |
| balón (el) | pallone | ballon | ball | Ball | balão |
| bañarse | farsi il bagno | se baigner | to take a bath | sich baden | tomar banho |
| cartas (las) | carte | cartes | cards | Karten | cartas |
| casi nunca | quasi mai | presque jamais | hardly ever | fat nie | quase nunca |
| ciclismo (el) | ciclismo | cyclisme | cycling | Radsport | ciclismo |
| coleccionar | collezionare | collectionner | to collect | sammeln | colecionar |
| de vez en cuando | di tanto in tanto | parfois | from time to time | manchmal | de vez em quando |
| detestar | detestare | détester | to detest | verabscheuen | detestar |
| equitación (la) | equitazione | équitation | horsemanship | Reitkunst | equitação |
| fiesta (la) | festa | fête | celebration | Fest | festa |
| frecuencia (la) | frequenza | fréquence | frequency | Häufigkeit | frequência |
| guitarra (la) | chitarra | guitare | guitar | Gitarre | violão |
| mar (el) | mare | mer | sea | Meer | mar |
| monopatín (el) | monopattino | skate | skateboard | Skateboard | patinete |
| nadar | nuotare | nager | to swim | schwimmen | nadar |
| nunca | mai | jamais | never | nie, niemals | nunca |
| ocio (el) | ozio, riposo | loisir | leisure | Freizeit | ócio |
| pasear | passeggiare | se promener | to take a walk | spazieren | passear |
| patinaje (el) | pattinaggio | patinage | skating | Aschlittschuh | patinação |
| patinar | pattinare | patiner | to skate | schlittschuh laufen | patinar |
| partido (el) (fútbol) | partita | match | match | Spiel | jogo |
| película (la) | film | film | movie | Film | filme |
| pelota (la) | palla | ballon | ball | Ball | bola |
| pintar | dipingere | peindre | to paint | malen | pintar |
| piscina (la) | piscina | piscine | swimming pool | Schwimmbad | piscina |

| ESPAÑOL | ITALIANO | FRANCÉS | INGLÉS | ALEMÁN | PORTUGUÉS |
|---------|----------|---------|--------|--------|-----------|
| sello (el) | francobollo | timbre | stamp | Briefmarke | selo |
| siempre | sempre | toujours | always | immer | sempre |
| tenis (el) | tennis | tennis | tennis | Tennis | tênis |
| tiempo libre (el) | tempo libero | temps libre | free time | Freizeit | tempo livre |
| tocar la guitarra | suonare la chitarra | jouer de la guitare | to play the guitar | spielen Gitarre | tocar violão |
| todos los días | tutti i giorni | tous les jours | every day | jaden Tag, Täglish | todos os dias |
| videojuego (el) | videogioco | jeu vidéo | videogame | Videospiel | video-game |
| voleibol (el) | pallavolo | volley ball | volleyball | Volley ball | vôlei |
| yudo (el) | judo | judo | judo | Yudo | judô |

## UNIDAD 8

| ESPAÑOL | ITALIANO | FRANCÉS | INGLÉS | ALEMÁN | PORTUGUÉS |
|---------|----------|---------|--------|--------|-----------|
| alrededor | intorno | autour | around | umgebung | ao redor |
| bosque (el) | bosco | bois | wood, forest | Wald | bosque |
| burro/a (el, la) | asino | âne | donkey | Esel | burro |
| caballo (el)/yegua (la) | cavallo | cheval | horse | Pferd | cavalo |
| caminar | camminare | marcher | to walk | wandern | caminhar |
| carro (el) | carro | charrette | carriage | Karren | chaterre |
| cielo (el) | cielo | ciel | sky | Himmel | céu |
| cerdo/a (el, la) | porco | cochon | pig | Schwein | pouco |
| coche (el) | automobile | voiture | car | Auto | carro |
| excursión (la) | escursione, gita | excursion | trip | Ausflug | excursão |
| gallo (el)/gallina (la) | gallo | coq/poule | cock | Hahn | galo |
| junto | unito, vicino | près de | close to | nahe | junto |
| lago (el) | lago | lac | lake | See | lago |
| leche (la) | latte | lait | milk | Milch | leite |
| merienda (la) | merenda | goûter | to have for tea | Vesperbrot | lanche |
| montaña (la) | montagna | montagne | mountain | Berg | montanha |
| nube (la) | nuvola | nuage | cloud | Wolke | nuvem |
| oca (la) | oca | oie | goose | Gans | gansa |
| oveja (la) | pecora | mouton | sheep/ewe | Schaf | ovelha |
| paisaje (el) | paesaggio | paysage≠ | lanscape | Landschaft | paisagem |
| pesca (la) | pesca | pêche | fishing | Fischfang | pesca |
| pescar | pescare | pêcher | to fish | fischen | pescar |
| piragüismo (el) | canottaggio | faire du canoë | canoeing | Kanusport | canoagem |
| prado (el) | prato | pré | meadow | Wiese | prado |
| pueblo (el) | paese | village | village | Dorf | povo, povoado |
| región (la) | regione | région | region | Region | região |
| río (el) | fiume | fleuve | river | Fluss | rio |
| senderismo (el) | trekking, escursionismo | randonnée | trekking | Wandern | fazer trilha |
| sitio (el) | posto | endroit, lieu | place | Ort | lugar |
| sol (el) | sole | soleil | sun | Sonne | sol |
| tomar el sol | prendere il sole | prendre le soleil | to sunbathe | sich sonnen | tomar sol |
| vaca (la) | mucca | vache | cow | Kuh | vaca |
| vacaciones (las) | vacanze | vacances | holidays | Urlaub, Ferien | férias |